David Seven Deers

REISENDE MUTTER

Indianische Parabeln

Aus dem Englischen übersetzt von Sanna Seven Deers

Merlin Verlag

INHALT

EINE ANDERE WELT UND SO VIELE WEITERE IN DIESER EINEN WELT, DIE WIR TEILEN

Seit der Eroberung ihres Kontinents haben die Angehörigen der First Nations bzw. der Native Americans, der nordamerikanischen Indianerstämme, versucht, ihr Überleben dadurch zu sichern, dass sie öffentlich nicht über ihren Glauben und die überlieferten Geschichten ihres Volkes sprachen, denn sie befürchteten zu Recht, dass sie für ihre andere Weltauffassung von den weißen Eroberern verfolgt und bestraft werden würden.

Nun schreiben wir das Jahr 2014, aber selbst vor 20 Jahren wäre es in Nordamerika nicht möglich gewesen, unsere Bräuche und Denkweisen mit den Neuankömmlingen zu teilen. Heute jedoch werde ich regelmäßig eingeladen, um in meiner Heimat British Columbia mit Schulkindern zu sprechen und ihnen unsere Kultur näher zu bringen. Und die meisten Menschen öffnen langsam ihre Herzen für unsere Botschaft, die davon handelt, wie man der Welt der Ahnen Respekt entgegenbringt, und dass man auf ihren Rat hören sollte.

Mit meinen Geschichten möchte ich dem Leser den Stolz und die Stärke meines Volkes vermitteln. Viele Gedanken in meinen Geschichten sind neu für Nicht-Indianer, doch ich denke, lediglich ein Aspekt bedarf einer ausdrücklichen Erklärung vorab. In unserer Welt wohnt in allem eine besondere Kraft. Vom kleinsten Insekt bis zum höchsten Berg – sie alle tragen eine Vielzahl von Namen, um die verschiedenen Attribute, die ihnen innewohnen, zum Ausdruck zu bringen.

Vor der Ankunft der Europäer erhielten viele Indianer mehrmals in ihrem Leben einen neuen Namen, der deutlich zeigte, welche spirituelle Kraft eine Person entwickelt hatte oder von welcher Kraft sie begleitet wurde. Oft bekam ein Kind in der Pubertät – entweder durch eine Zeremonie oder aufgrund einer herausragenden Errungenschaft – einen neuen Namen, der seinem neugewonnenen Bewusstsein oder seiner Tapferkeit entsprach. Bei sehr kraftvollen Geistwesen, wie ich sie in meinen Geschichten beschreibe – zum Beispiel Adler-Mann oder der Fluss – reicht ein einziger Name nicht aus, um die vielen Facetten ihrer spirituellen Kraft zu verdeutlichen. Es ist essentiell in der Kultur aller First Nations, diese Geistwesen im Laufe der Zeit mit ihren unterschiedlichen Namen anzusprechen, um ihnen die nötige Ehre und den Respekt zu erweisen. So habe ich es auch im vorliegenden Buch getan.

David Seven Deers

DER GROSSE RAT

Thelma wusste nicht mit Bestimmtheit, wo sie sich befand. Ihr war als wäre sie draußen in ihrem Wald, bergaufwärts, oberhalb von Großmutters und Großvaters Haus. Es war ein sehr heißer Herbsttag und sie spielte zwischen den riesigen Bäumen, die rings um das Haus ihrer Großeltern standen, in dem sie lebte. Manchmal schien ihr, sie würde in ihrem Bett liegen, ihr war schwindlig und heiß. Im nächsten Augenblick glaubte sie, im Schatten ihrer Freunde, der Bäume, mit den Vögeln und den anderen Lebewesen des Waldes zusammen zu sein.

Sie erinnerte sich, dass sie sich unwohl gefühlt hatte, und wusste doch nicht, wann genau das gewesen war. Es hatte mit Bauchweh begonnen, und mit einem summenden Geräusch in den Ohren. Großmutter hatte sie ins Bett geschickt. Seit vielen Tagen lag Thelma nun da und träumte von ihrem Berg. Jedes Mal, wenn sie aufgewacht war, hatte sie sich schrecklich krank gefühlt, und ständig war da dieses Läuten in ihren Ohren gewesen. Großmutter hatte ihr gesagt, dass sie Fieber hatte, und dass der Arzt gekommen und ihr Medizin des weißen Mannes gegeben hatte. Aber von allem, was mit ihr geschah, blieb ihr nur ein verschwommenes Bild.

Thelma träumte nicht nur vom Spielen im Wald, sondern auch von vielen, vielen Vögeln, die um sie herumflogen, und von einer sehr kleinen Person an ihrer Seite, die ihre Hand hielt und sie nach Hause brachte.

In ihren Träumen war es grell, als sei das Sonnenlicht viel intensiver als sonst. Und während der ganzen Zeit war ihr sehr heiß.

Jedes Mal, wenn Thelma aufwachte, sah sie Großmutter an dem Tisch in ihrem Zimmer sitzen. Sie hatte die Hände in ihrem Schoß gefaltet und betete mit sanfter Stimme. Eine Kerze brannte und verbreitete einen warmen Schein. Manchmal kam Großvater für einen kurzen Moment ins Zimmer, brachte einen Becher und Thelma musste daraus trinken.

Es war ein seltsames Gefühl, das sie durchdrang: Es brannte wie Feuer, und wenn sie zur Zimmerdecke hinaufsah, drehte sich alles so sehr, dass sie die Augen schließen musste. Großmutter kam oft zu ihr und wusch sie mit einem kühlen Lappen. Dann fühlte Thelma sich für eine Weile etwas besser und glitt froh wieder in ihre Träume, in denen sie draußen zwischen den Bäumen spielte.

Als sie dieses Mal erwachte, waren beide Großeltern da. Sie saßen in der Zimmerecke am Tisch und flüsterten. Großmutter hielt ein Thermometer in ihrer Hand, und obwohl es in ihrem Kopf noch immer läutete, hörte Thelma deutlich wie Großmutter Großvater bat, noch einmal den Arzt zu holen. Thelma fragte sich, warum der Arzt noch einmal kommen musste und wünschte sich nichts mehr, als zu ihren Träumen zurückzukehren, in ihr Land des Lichts und des Glücks.

Während sie so dalag und dem Flüstern lauschte, beobachtete sie, wie sich ihre Großeltern zur Zimmertür wandten. Die Tür öffnete sich langsam.

Thelma war verwundert: Der Arzt war diesmal wirklich schnell gekommen. Woher wusste er überhaupt, was Großmutter und Großvater eben geflüstert hatten?

Auch ihre Großeltern waren überrascht, denn die Tür ging offenbar von allein auf. Niemand hatte zuvor an die Haustür geklopft. Und sie lebten weit entfernt von allen Nachbarn im Reservat.

Doch es war nicht etwa der Arzt, der in der Tür stand, sondern dieselbe kleine Person, die Thelma Tage zuvor nach Hause gebracht hatte, als das Fieber ausgebrochen war. Thelma war sich ganz sicher, dass sie diese Person schon in ihren Träumen gesehen hatte. Der kleine Mann war nur halb so groß wie Thelma mit ihren sechs Jahren und er war vollkommen schwarz. Wunderbare waldgrüne Steifen verliefen quer über seinen Körper, und seine Augen hatten die tiefgründige, ansprechende Farbe von Bernstein. Ein breites Lächeln stand auf seinem Gesicht, und er stellte sich Thelma sofort als Qwi Qwi vor. Qwi Qwi erklärte Thelma, er sei immer in ihrer Nähe gewesen, wenn sie im Wald gespielt hatte und habe darauf geachtet, dass ihr nichts passierte. Und ja, er war es gewesen, der sie nach Hause gebracht hatte, als ihre Krankheit vor über einer Woche ausgebrochen war.

Während Qwi Qwi mit ihr sprach, sahen Großmutter und Großvater noch immer zur Tür. Großvater ging sogar hinüber, um zu prüfen, wer sie wohl geöffnet hatte. Er schaute hinaus in den Flur und meinte zu Großmutter: „Es ist niemand da."

Großmutter war darüber sehr beunruhigt. Sie kannte die Geschichten ihres Volkes und wusste daher, dass es sich um einen Spirit, ein Geistwesen, handelte, der gekommen war, um Thelma zu besuchen. Großmutter begann laut zu beten. Sie hoffte inständig, dass das Geistwesen nicht erschienen war, um ihre kleine Enkeltochter auf ihrer letzten Reise zu begleiten. Großmutter hatte ihren Sohn und ihre Schwiegertochter, Thelmas Eltern, vor fünf Jahren bei einem Autounfall verloren. Der Gedanke, auch ihre Enkelin zu verlieren, war unerträglich. Großmutter sah zu Thelma und bemerkte, dass Thelma die offene Tür intensiv und mit großen Augen betrachtete.

Thelma sprach derweil mit Qwi Qwi: „Ich heiße Thelma Aytahla. Meine Großeltern haben mir gesagt, dass mein Nachname in der Sprache der Weißen ‚Gutes Herz' bedeutet. Ich danke dir sehr, dass du mich nach Hause gebracht hast, als es mir nicht gutging. Was kann ich für dich tun? Warum bist du zu mir gekommen?"

„Ich hörte deine Großeltern für deine Gesundheit beten und habe dir ein Heilmittel aus unserem geliebten Wald gebracht", antwortete Qwi Qwi. In seiner Hand hielt er ein kleines Büschel Blätter. Qwi Qwi trat an Thelmas Bett und legte es in ihre ausgestreckte Hand.

Großmutter und Großvater begriffen, dass Thelma mit jemandem sprach und sahen, dass sie ihre Hand in Richtung der offenstehenden Tür ausstreckte. Aber sie sahen niemanden sonst im Zimmer.

Qwi Qwi erklärte Thelma: „Deine Großmutter wird wissen, wie man aus diesen Blättern einen Tee zubereitet. Sag ihr, dass es Breitwegerich ist. Ich habe ihn eigens für dich im entlegensten Teil des Waldes gepflückt. Morgen wird es dir besser gehen. Und ich hoffe, wir werden schon bald wieder gemeinsam zwischen den Bäumen unterwegs sein. Etwas ganz Besonderes wird sich demnächst auf unserem Berg ereignen und du bist als Ehrengast auserwählt."

Mit diesen Worten drehte Qwi Qwi sich um und verließ das Zimmer. Kurz bevor er die Tür hinter sich schloss, grüßte er Thelmas Großeltern noch mit ‚Lau Siyaye' – Grüße in

Freundschaft. Erst jetzt erkannten die beiden, wer da erschienen war, um ihre Enkelin zu besuchen. Es war einer von den Little People, den kleinen Geistwesen, die auf dem Berg lebten. Er war gekommen, um Thelma zu helfen. Und so antworteten sie ‚Hei Chicka' – Danke.

Dann fiel die Tür mit einem leisen Klicken ins Schloss.

Großmutter und Großvater waren voller Ehrfurcht, denn ihre Gebete waren erhört worden. Sie gingen zu Thelma hinüber, die noch immer in ihrem Bett lag, das kleine Büschel mit den Blättern fest in der Hand.

„Großmutter, Großvater!", rief Thelma. „Seht, was der kleine Mann mir gebracht hat! Er sagte, es sei Breitwegerich aus dem Wald. Du sollst daraus einen Tee für mich kochen, damit ich wieder gesund werden und nach draußen gehen und spielen kann."

„Ich werde es sofort tun, mein Liebes", sagte Großmutter. „Großvater wird hier bei dir bleiben, während ich den Tee zubereite, und bald wirst du wieder ganz gesund sein."

Thelma trank ihren Tee, und fiel wenig später in einen tiefen und traumlosen Schlaf. Ihre Großeltern wichen die ganze Nacht nicht von ihrer Seite. Bei Tagesanbruch waren sie beide völlig verspannt, weil sie so lange auf Stühlen neben Thelmas Bett Wache gehalten hatten. Ihre kleine Enkelin aber saß bereits aufrecht im Bett. Von dort schaute sie aus dem Schlafzimmerfenster, hinaus in die aufgehende Sonne.

Großmutter fühlte Thelmas Stirn und atmete erleichtert auf. Das Fieber war vorbei!

„Das kleine Waldmännlein hat wirklich die richtige Medizin gebracht", flüsterte sie ehrfürchtig.

„Ich möchte unbedingt wieder nach draußen gehen und spielen“, sagte Thelma.

Freudentränen standen in den Augen ihrer Großeltern.

„Natürlich, Liebes“, sagte Großmutter. „Ruh dich noch ein bisschen aus. Ich werde das Fenster öffnen und die Morgenluft hereinlassen, und sehr bald schon wirst du wieder draußen bei deinen Freunden vom Berg sein.“

Thelma sprang aus ihrem Bett und sagte: „Ich hatte einen wunderbaren Traum. Ein kleiner Mann, der Qwi Qwi hieß, kam mich besuchen und schenkte mir Breitwegerichblätter. Ich muss mich aufmachen, ihn zu finden und ihm ‚Hei Chicka‘ für seine Hilfe sagen. Er erzählte mir auch, dass bald etwas Besonderes auf unserem Berg stattfinden würde, und dass ich dabei sein soll, wenn es passiert.“

Während Thelma sprach, suchte sie in ihrer mit Schnitzereien verzierten Zedernholztruhe nach ihrer Kleidung.

Großmutter und Großvater trauten ihren Augen nicht. In der vergangenen Nacht noch waren sie so besorgt um Thelma gewesen, und nun sprang sie wieder in ihrem Zimmer herum, als sei in der letzten Woche nichts Ungewöhnliches vorgefallen.

„Also schön, Liebes“, sagte Großmutter. „Aber du musst erst etwas essen. Und wenn du wirklich schon so bald wieder zum Spielen gehen möchtest, dann lass bitte Großvater dich begleiten. Wenigstens beim ersten Mal – wir wollen nicht, dass du wieder krank wirst.“

„In Ordnung. Aber macht euch keine Sorgen, mir geht es gut! Es kommt mir vor wie eine Ewigkeit, dass ich bei meinen Waldfreunden gewesen bin, und ich muss schleunigst wieder zu ihnen“, sagte Thelma.

Nachdem sie ihr Frühstück aus Toast und Tee hastig heruntergeschlungen hatte, sprang Thelma auf. Sie gab Großmutter einen dicken Kuss auf die Wange, nahm Großvater bei der Hand und zog ihn hinter sich zur Tür hinaus.

Zu ihrem Spielplatz unter den großen Bäumen am Berg zu gelangen, war Thelma überaus wichtig. Großvater sagte kein Wort. Seit er in der Nacht zuvor Qwi Qwi gesehen hatte, wusste er, dass seine Enkelin gesegnet war. Und daher folgte er ihr leichten Herzens und ohne ein Wort der Warnung oder des Widerstandes.

Bald darauf erreichten sie den großen Felsvorsprung. Oberhalb davon befand sich eine ebene Lichtung, auf der die größten Bäume des Berges standen. Dies war der Ort, an dem Thelma immer spielte. Den ganzen Sommer über hatte sie ein kleines Spielhausdorf aus den Stöcken und Zweigen gebaut, die von den riesigen Kiefern und Fichten gefallen waren. Hier war Thelma am glücklichsten. Großmutter hatte ihr vor Monaten Zwirn und Wollfäden gegeben, mit denen Thelma ihre kleinen Spielhäuser zusammengebunden hatte.

„Großvater, ich glaube, du bleibst besser hier am Felsvorsprung“, sagte Thelma. „Es ist sehr geheim da oben und ich werde sicher sein.“

Großvater nickte zustimmend. „Ich werde gleich bei dir sein, solltest du mich brauchen“, sagte er und umarmte sie fest. Dann setzte er sich auf einen gemütlichen Baumstamm in der Nähe. Großvater kannte Thelmas geheime Spielwiese nur zu gut, denn es war derselbe Platz, an dem er als kleiner Junge gespielt hatte. Auch für ihn war es immer schon ein besonderer Ort gewesen. Seit vielen Jahren hatte Großvater die uralte Tradition weitergeführt und aus Holz geschnitzte Windmasken in die Bäume dort gehängt. Dutzende dieser Masken hatten seine Vorfahren und er aufgehängt. Die kleinste Brise genügte, um die Masken anzustoßen; sie waren immer in Bewegung. Immer beobachteten sie, drehten sich und schwangen im Wind hin und her.

Thema wanderte bergauf und umrundete die hohe Felsklippe, die ihren magischen Spielplatz schützte. Die Sonne schien hell auf die Wiese herab. Der Herbst war in vollem Gange und die Espen, die zwischen den Kiefern und Fichten standen, schillerten in leuchtenden Orange- und Rottönen. Die vielen Masken ihres Großvaters, die von den Ästen der Bäume baumelten, drehten sich in einem Windstoß, gerade so als feierten sie Thelmas Wiederkehr. Dort, in der Mitte, war Thelmas kleine Ansammlung von Reisighäusern und ihr war, als käme sie nach unendlich langer Zeit nach Hause.

Mit einem glücklichen Lächeln auf dem Gesicht rannte sie zu den Häuschen, um nachzusehen, ob alles noch genauso war, wie sie es zurückgelassen hatte. Und wie immer war nichts angerührt worden. Rings um ihr Dorf waren viele Pfotenabdrücke von Waldtieren zu sehen, aber die waren jedes Mal dort, wenn sie am nächsten Morgen zum Spielen zurückkam. Bär, Hase, Kojote, Hirsch und viele Vögel hatten ihr Dorf in der Zwischenzeit besucht. Und wenn Thelma beim Spielen saß, konnte sie die Tiere oft in einiger Entfernung zwischen den Bäumen sehen. Thelma glaubte, dass die Tiere zum Spielen herüber kamen, wann immer sie abends nach Hause ging. Thelma hatte nie Angst vor ihnen, denn schließlich waren sie hier zuhause, und Thelma wusste, dass die Tiere ein Teil ihrer Familie waren.

Glücklich betrachtete Thelma ihr Dorf. Es war schön, wieder hier zu sein! Da bemerkte sie im Augenwinkel eine Bewegung neben der großen alten Fichte. Zuerst dachte sie, es wären lediglich die Schatten des Sonnenlichts gewesen, die mit den Ästen im Wind gespielt hatten. Doch dann sah Thelma direkt auf den rauen, alten Stamm der riesigen Fichte und entdeckte Qwi Qwi. Er lächelte sie an und kam auf sie zu.

„Hei Chicka, Qwi Qwi", sagte Thelma. „Du hast mir geholfen, gesund zu werden und zurückzukommen. Ich habe es sehr vermisst, hier zu sein."

„Gern geschehen, kleine Aytahla", erwiderte Qwi Qwi. „Wir haben es auch vermisst, dass du kommst und mit uns allen hier spielst. Heute ist ein besonderer Tag; nicht nur, weil es dir wieder besser geht, sondern auch, weil es der Tag ist, vom dem ich dir erzählt habe, der Tag, an dem etwas Außergewöhnliches hier auf dem Berg geschehen wird."

Als er geendet hatte, sah Qwi Qwi zum Himmel auf. Thelma folgte seinem Blick. Über der Wiese schwärmten hunderte, vielleicht tausende von Vögeln in die umstehenden Bäume. Die Vögel begannen sich auf allen Ästen niederzulassen. Die meisten von ihnen erkannte Thelma nicht. Wenn sie zum Spielen herkam, konnte sie alle Vögel, die im Wald lebten, mit Namen nennen: Bluebird, Robin, Chickadee, Adler, Eule, Rabe, Bussard, Habicht, Falke, Kolibri und viele andere. Aber nun waren in den Bäumen Vögel mit roten, blauen und grünen Federn – alle Farben des Regenbogens, sogar rosa! Einige von ihnen waren riesig groß, und andere ganz klein und zart; Thelma war sehr erstaunt über die Vielfalt der Farben und Arten.

Großvater war Thelmas Wunsch gefolgt und am Fuße des Felsvorsprungs zurückgeblieben. Er wusste, wie wichtig es war, das zu tun. Er hatte das kleine Waldmännlein gesehen, das Thelma gesund gemacht hatte, und er wollte sie auf gar keinen Fall stören. Als er aber sah und hörte, wie aus allen Richtungen Vögel angeflogen kamen, musste er einfach den Felsvorsprung hinaufklettern, um nachzuschauen, was oben auf der Wiese geschah. Es gab dort ein Dickicht aus Thimbleberry-Büschen; hinter dem würde er sich verstecken und beobachten, was es mit all den Vögeln auf sich hatte. Großvater war klar, hier geschah heute etwas wahrlich Besonderes. Leise und vorsichtig, schob er die Zweige der Beerenbüsche zur Seite und erkannte Thelma, die in der Mitte der Wiese neben ihrem Spieldorf stand. Sie und Qwi Qwi schauten zu all den Vögeln auf, die gerade dabei waren ihre Plätze einzunehmen und jeden Ast und jeden Zweig in einem großen Kreis um die Lichtung herum anfüllten. Großvater, der mit den Bräuchen seines Stammes sehr vertraut war, begriff, dass er dazu auserwählt worden war, diesem Treffen als Zeuge beizuwohnen. Aber er achtete darauf, kein Geräusch zu verursachen und jede Bewegung zu vermeiden, die diese außergewöhnliche Versammlung stören würde: Der heilige Rat des Vogelreiches war zu ihrem Berg gekommen!

Thelma und Qwi Qwi beobachteten noch immer staunend die Ankunft der Vögel. Es war das erste Mal, dass der Große Rat hier abgehalten wurde und selbst Qwi Qwi, der die meisten Geheimnisse der Natur kannte, fühlte sich sehr geehrt. Es erfüllte ihn mit großer Demut, dass dieses besondere Ereignis in den Bäumen seiner Heimat stattfand.

„Schau nur, wie viele gekommen sind", sagte Thelma mit einem erfreuten Jauchzen in ihrer Stimme.

Das Flattern der Federn und die Vogelstimmen klangen, als bereite sich ein riesiges Orchester darauf vor, ein zauberhaftes Konzert zu spielen. Es war atemberaubend!

„Was für ein Wunder hier bei meinem kleinen Spieldorf stattfindet, an dem Platz, den ich auf der ganzen Welt am liebsten habe", dachte Thelma.

Auf jedem Ast saßen dichtgedrängt die Vögel, und einvernehmliches Schweigen legte sich über die Wiese. Ab und zu war ein vereinzeltes Krächzen oder Piepsen zu vernehmen, aber es hatte den Anschein, als warteten alle Anwesenden auf etwas. Sogar der Wind hörte auf zu wehen, und alles, was zu hören war, war der Flügelschlag eines letzten herannahenden Vogels. Die Farben der Herbstblätter und die schillernden Federn der Vögel schienen noch mehr zu leuchten, als der letzte Vogel sich näherte.

Von der Spitze des Berges, wo die Sonne hoch am südlichen Himmel stand, wurde jetzt der Umriss einer prächtigen weißen Rabin sichtbar. Sie landete in der Krone der alten Fichte, die am Rande der Wiese stand. Alles war nun ruhig und wartete darauf, dass die Rabin, die die Weiseste im Reich der Vögel war, zu sprechen begann.

Endlich sagte die Weiße Rabin mit sanfter und gleichzeitig gebieterischer Stimme: „Seid willkommen, meine Kinder, zum Großen Rat der Vögel. Ich danke euch allen, dass ihr die lange und schwierige Anreise aus allen Winkeln unserer schönen Erde auf euch genommen habt. Besonderer Dank gilt unserem Bruder Qwi Qwi für die Erlaubnis, uns hier zu versammeln, und dafür, dass er unsere liebe Freundin

Thelma zu uns gebracht hat. Ein außerordentlicher Dank geht an Albatros, der Pinguin, Kiwi und Emu aus ihren Heimatländern im Süden hierhergeflogen und es ihnen auf diese Weise ermöglicht hat, an diesem Treffen teilzunehmen. Auch ist es mir zu Ohren gekommen, dass Schwester Strauß heute bei uns sein kann, weil es ihr letzte Nacht mit Hilfe einer kühnen Rettungsaktion gelungen ist, von Smiths Farm auszubrechen. Adler, Eule und Qwi Qwi haben einen von Smiths Zäunen durchtrennt, so dass sie nun zum ersten Mal in ihrem Leben die Freiheit schnuppern kann."

Bei diesen Worten der Weißen Rabin stießen alle Anwesenden einen Schrei aus, der Anerkennung ausdrückte.

„Nun lasst uns einen Augenblick Zeit nehmen, um uns gegenseitig zu begrüßen. Anschließend können wir unseren eigentlichen Aufgaben nachgehen."

Sofort brach unter den Anwesenden ein Gewirr von Rufen und Liedern aus, an dem seit langer, langer Zeit kein Mensch hatte teilhaben dürfen.

Thelma drehte sich langsam im Kreis und beobachtete, wie die vielen Vögel ihr herrliches Geplapper anstimmten. War das vielleicht der Grund, warum ihr während der Krankheit so schwindlig gewesen war und es so in ihren Ohren geklingelt hatte? Tatsächlich hatte sich ihre Fähigkeit zu hören verändert. Denn sie konnte nun nicht nur den Klang der Vogelstimmen vernehmen, sondern auch hören und verstehen, was sie untereinander sprachen. Hier beim Großen Rat waren alle Freunde und fanden wahren Gefallen an der Gesellschaft der anderen. Thelma wusste, dass einige der Vögel Jäger waren, die die kleineren als Beute töteten. Aber hier waren alle in Frieden beisammen.

Themas Aufmerksamkeit galt besonders der großen Kiefer am anderen Ende der Wiese. Dort hatte sich eine Gruppe von Vögeln um Pinguin versammelt und war in ein angeregtes Gespräch vertieft. Albatros entschuldigte sich gerade, weil er drei Bergketten zuvor, als sie eine Nebelbank durchflogen hatten, eingenickt war. Dabei hatte er Pinguin versehentlich fallengelassen und ihn im Nebel nicht wiederfinden können. Pinguin schnaufte und keuchte noch immer, weil er den Rest des Weges mit seinen kurzen Beinen zu Fuß hatte zurücklegen müssen. Aber es war ein regelrechtes Abenteuer für ihn gewesen, zum ersten Mal in seinem Leben durch einen Wald zu gehen.

Thelma lächelte. Sie wusste, sie würde dieses einzigartige Erlebnis niemals vergessen.

In der Mitte der Wiese, dort wo sie mit Qwi Qwi neben ihrem kleinen Spieldorf aus Stöcken und Zweigen stand, hatten sich ein gutes Dutzend Vögel versammelt. Chickadee wandte sich als erster an Thelma und fragte, ob sie all die Häuser gebaut hätte.

„Ja, ich habe all die Zweige hier auf der Wiese gesammelt und Großmutter hat mir Band gegeben, um sie zusammenzuhalten", antwortete Thelma. „Großvater hat mir Geschichten darüber erzählt, wie unser Dorf aussah, bevor der weiße Mann kam, und ich wollte genau so ein Dorf bauen. Bald werde ich meinen Großeltern zeigen, was ich gebaut habe. Ich bin mir sicher, dass es ihnen gefallen wird", setzte sie hinzu.

Die Vögel, die um Thelmas Dorf saßen, bestätigten, wie gut sie es gebaut hatte, denn sie alle waren Meister darin, aus Stöckchen und Zweigen Nester zu bauen, und wussten, wovon sie sprachen.

Thelma errötete vor Stolz. Es war schön, so viele neue Freunde zu haben.

Ein lautes Krächzen der Weißen Rabin, das sicherlich bis hinunter ins Tal zu hören war, ließ das Stimmgewirr verstummen.

„Meine lieben Kinder, es sind unendlich viele Jahreszeiten vergangen, seit der letzte Große Rat einberufen wurde, und es ist noch viel länger her, dass wir ein Menschenkind eingeladen haben, daran teilzunehmen. Thelma ist dazu auserwählt worden, unsere Botschaft zu den Menschen zu schicken, damit unsere schöne Erde von Leid und Unglück erlöst werden kann. Wir vom Großen Rat haben den Eindruck, dass die Menschheit ihre Fähigkeit zuzuhören wahrlich verloren hat. Sie ist taub geworden für den Schmerzensschrei, den sie selbst verursacht, indem sie ihrem Zuhause, nämlich unserer Erde, soviel Leid zufügt. Wir haben seit ihrer Geburt ein wachsames Auge auf Thelma gehalten und sind der Ansicht, dass nur sie allein die Macht der Liebe in ihrem Herzen trägt, um für uns sprechen zu können."

Alle anwesenden Vögel wandten sich mit einem Ruf der Zustimmung und des Dankes an das Mädchen.

Thelma bekam eine Gänsehaut. Niemals hätte sie sich träumen lassen, aus diesem Grund als Gast zum Großen Rat eingeladen zu werden.

„Aber liebe Mutter Rabe", sagte sie. „Ich habe noch nicht einmal mit der Schule angefangen. Warum sollte jemand darauf hören, was ich zu sagen habe? Ich liebe es, hier im Wald zu sein und mit meinem Spieldorf zu spielen. Das ist alles, was ich kenne."

„Meine Tochter, mehr brauchst du nicht zu wissen", sagte

die Weiße Rabin. Du hast jetzt so viele Freunde unter uns, aus jedem Winkel der Erde. Sie werden die Liebe, die du für diesen besonderen Ort und für dein kleines Dorf empfindest, zu allen Kindern der Welt bringen. Sag den Menschenkindern von ganzem Herzen, dass sie dem Wind und der Erde, dem Wasser und dem Feuer lauschen sollen, genau wie du es tust, wenn du hier spielst. Und sie werden wieder beginnen zuzuhören."

„Wie?", war alles, was Thelma herausbrachte.

„Nun ja, zuerst einmal könnten wir deinen Großvater bitten, aus seinem Versteck zwischen den Thimbleberry-Büschen gleich hinter dir herauszukommen und sich uns anzuschließen. Dann bitten wir Qwi Qwi, uns ein paar von seinen besonderen Pflanzen zu sammeln. Und schließlich könnten wir in unserer Mitte ein Feuer entzünden und alle zusammen deine Botschaft auf den Weg bringen."

Thelma drehte sich um und sah, wie Großvater aus seinem Versteck im Beeren-Dickicht hervorkam.

„Großvater!", rief sie und lief zu ihm. „Weißt du, was hier los ist? Hast du es mitangehört?"

„Ja, mein kleiner Schatz. Ich habe alles gesehen und gehört. Was für ein Wunder heute doch stattfindet", fügte er sanft hinzu.

„Sei willkommen in unserer Runde, Großvater Good Heart", krächzte die Weiße Rabin. „Wenn du so gut wärest und in der Mitte der Wiese ein Feuer entzünden würdest, dann könnten wir uns bald wieder alle auf unseren langen Nachhauseweg machen und Thelmas Gebet mit uns nehmen."

Großvater hielt Thelmas eine Hand, Qwi Qwi ihre andere.

Großvater war sprachlos. Er hatte von solchen Dingen bisher nur aus den alten Geschichten seines Volkes gewusst. Alles, was er zu tun imstande war, war, Mutter Rabe mit einem demütigen Kopfnicken zuzustimmen. Dann begann er, Steine und Zweige vom Waldboden aufzusammeln. Mit einem stabilen Ast grub er eine seichte Grube in den Boden und legte die Steine in einem Kreis um seine Feuerkuhle herum. Bald hatte er die Kuhle mit Zweigen und Stöcken gefüllt. Nun fing Qwi Qwi geschäftig an, die vielen verschiedenen Pflanzen und Blätter zusammenzutragen, die er zu dem Feuerholz dazugeben wollte.

„Thelma, hilf mir, wilden Salbei, Zedernzweige, Breitwegerich, Espenrinde und Kiefernnadeln zu holen und sie vorsichtig auf das vorbereitete Feuerholz zu legen", sagte er.

Die Vögel beobachteten von ihren Plätzen in den Bäumen, was unter ihnen vor sich ging. Thelma war stolz und glücklich, Großvater und Qwi Qwi bei all den Vorbereitungen zur Hand zu gehen. Es machte großen Spaß, und ihre Zuschauer zwitscherten, krächzten und sangen ihnen zur Unterstützung zu.

Bald schon war alles vorbereitet. Alle Anwesenden warteten darauf, was Mutter Rabe sagen würde.

„Etwas ganz Besonderes, das nicht hier im Wald wächst, fehlt noch für unser Feuer", sagte die Weiße Rabin.

Alle blickten sich um und wunderten sich laut darüber, was es wohl sein könnte.

„Großvater Good Heart, ich glaube, es befindet sich in deiner Jackentasche", sagte die Weiße Rabin.

„Großvater", sagte Thelma. „Es ist dein Tabakbeutel! Du hast ihn und deine heilige Pfeife immer dabei."

Bedächtig fischte Großvater den Beutel aus seiner Tasche und reichte ihn an Qwi Qwi weiter.

„Vielen Dank, dass du soviel Mühe und Geduld darauf verwendest, den Tabak in deinem Garten anzubauen", sagte Qwi Qwi.

Das kleine Waldmännlein öffnete den mit feiner Perlenarbeit verzierten Lederbeutel, nahm eine Handvoll Tabak heraus und legte ihn auf die vorbereitete Feuerstelle. Als nächstes gab er die gleiche Menge in Thelmas geöffnete Hand.

Ein letztes Mal ergriff Mutter Rabe nun das Wort. „Thelma, du wirst nicht vergessen werden. Wenn das Feuer entzündet ist, lege deine Tabakgabe in die Flammen und sprich aus, was in deinem Herzen ist. Es wird von denen gehört werden, die deine Liebe für unser schönes Zuhause teilen."

Nach diesen Worten kniete Großvater nieder und entzündete das Feuer. Die Vögel am Wiesenrand breiteten ihre Flügel aus. Die, die eine Mitflieggelegenheit brauchten, rannten zu ihren Albatrossen. Pinguin stolperte in seiner Eile, an Bord zu klettern. Alle machten sich für ihren Rückflug bereit.

Die Flammen schlugen schnell höher und schufen eine dicke wohlriechende Rauchsäule, die um die Wiese und die umstehenden Bäume herumwirbelte und sie umkreiste. Qwi Qwis besondere Kräutermischung schuf eine Stimmung voller Frieden und Ruhe. Thelma wusste, dass es jetzt an der Zeit war, zu sagen, was sie in ihrem Herzen fühlte.

„Ich danke euch allen, dass ich heute hier sein durfte. Ich wünsche mir das, was ich hier so sehr liebe, nämlich den Wald, mein kleines Dorf, den Wind und all die wunderschönen Dinge, die mich glücklich machen, mit allen Kindern auf der Welt teilen zu können." Mit diesen Worten warf Thelma ihre Handvoll Tabak ins Feuer.

Im selben Augenblick stoben alle Vögel auf. In einem donnernden Getöse aus Flügelschlägen und Rufen, schwang sich ein jeder Vogel in den Himmel hinauf. Auf ihrem Weg flogen sie über das Feuer und durch den kreisenden Wirbel aus heiligem Rauch.

Thelma, Großvater und Qwi Qwi blickten verwundert und voller Staunen zum Himmel hinauf. Die Worte des kleinen Mädchens waren auf ihrem Weg, sie wurden getragen von ihren gefiederten Freunden. Und in diesem Moment waren sich alle drei sicher, dass die Worte ihr Ziel erreichen würden.

Thelmas magische Worte reisten in die trockenste Wüste und hinauf zu dem höchsten Wolkenkratzer. Zu den Kindern des Dschungels und zu denen, die nichts als Schnee und Eis kannten. Ihre Worte flogen zu Weilern auf einsamen Bergspitzen und zu Städten an den Ufern mächtiger Flüsse. Die Kinder des Meeres und der fruchtbaren Täler – sie alle hörten Thelma.

DAS STEINLIED

Der große weiße Hase sah die Kinder an und klopfte mit seinem Hinterbein in schneller Folge laut auf den Boden, um sie zu einem Wettlauf aufzufordern. Er kräuselte kurz seine Nase und ließ seine langen geraden Ohren spielen. Dann lief er ein Stück tiefer in den dunklen grünen Wald hinein und hielt wieder inne. An der Stelle, an der er sich zwischen Bäumen und Schatten hinsetzte, fiel ein glänzender Sonnenstrahl durch das dichte Unterholz, der von seinem makellosen Fell reflektiert wurde und den Hasen wie einen verheißungsvollen Stern funkeln ließ. Die Kinder konnten nicht anders als ihm folgen und rannten vom Jagdfieber gepackt hinter ihm her. Für einen kurzen Moment erinnerte sich Sky Lynx an die warnenden Worte ihrer Mutter, nicht zu weit in den Wald hineinzugehen. Sie wollte ihren Freund Flint Otter schon zurückrufen und an der Waldgrenze zurückbleiben, aber der sprang dem frechen Hasen bereits hinterher. Purer Wettstreit überkam sie und schon war sie an der Seite ihres Freundes und lief der flüchtenden weißen Beute nach. Der Hase war unglaublich flink und obwohl die Kinder wie in anderen gemeinsamen und erfolgreichen Jagden versuchten, das Tier einzukreisen, kam es immer wieder außer Reichweite und lockte sie so noch weiter in den tiefgrünen Wald hinein.

Beide Kinder mussten mehrere Male anhalten, um Atem zu schöpfen. Schnaufend und so weit nach vorn übergebeugt, dass sie sich mit den Händen an ihren Knien abstützen konnten, schnappten sie nach Luft und warteten auf neue

Energie. Und immer saß der scheinbar nimmermüde Antreiber dieser Jagd nur wenige Schritte von ihnen entfernt und wartete darauf, dass sie sich gerade genug ausgeruht hatten, um die Jagd aufs Neue zu beginnen. Das schillernde Langohr knabberte währenddessen genügsam an ein paar Grashalmen und tat so, als seien die Kinder überhaupt nicht da. Erst als sie wieder anfingen, ihn in bedrohlichen Kreisen zu umzingeln, gab der Hase das Klopfsignal, um das Rennen wieder aufzunehmen.

Flint Otters Vater hatte ihm einst erzählt, wie kostbar das durch und durch weiße Fell dieses seltenen Hasen war. Es war heißbegehrt und wurde oft bei den heiligen Ritualen benutzt. Für manche Medizinleute hatte es größere Kräfte als eine Adler- oder Rabenfeder. Das Hasenfell war, wenn man um Hilfe aus der Geisterwelt bat, ein Symbol für Demut und für die Bereitschaft und den Willen, Opfer zu bringen. Die meisten Hasen hier in diesen Jagdgründen waren braun oder grau. Dieser jedoch war riesig und schneeweiß, obwohl Sommer war. Die anderen Stammesmitglieder zuhause im Dorf würden so stolz auf Sky Lynx und Flint Otter sein, wenn es ihnen gelingen würde, diese herrliche Trophäe heimzubringen und dem Dorf als ein Geschenk zu übergeben, das allen von Nutzen war. – Ganz zu schweigen von dem wohlverdienten, köstlichen Hasenbraten. Daher gaben die Kinder nicht so schnell auf und hatten nun schon den halben Vormittag – wenn auch erfolglos – damit verbracht, den zähen Gegner in die Finger zu bekommen.

Der Klopfer war von der Ernsthaftigkeit, mit der die Kinder diese endlose Jagd betrieben, gänzlich unbeeindruckt. Es machte ihm ganz offenbar Spaß, den Gejagten zu spielen und sich von den Kindern bis in die Tiefen des verzauberten Waldes verfolgen zu lassen. Die beiden jungen Jäger bemerkten in der Aufregung kaum, dass sie immer weiter den Berghang hinaufgeführt wurden. Sie befanden sich bereits viel höher am Berg als dort, wo sie ihre Jagd begonnen hatten. Die Bäume standen hier weiter auseinander, und Zedern und Unterholz gingen in Kiefern und Fichten über. So weit von zuhause fort hatten sie sich nie zuvor gewagt.

Flint Otter, der einen Winter jünger war als Sky Lynx, begann müde zu werden. Und in seiner Verzweiflung hob er einen armlangen Zweig auf und warf ihn nach dem Hasen. Sky Lynx griff nach einigen Steinen und begann dasselbe zu tun. Doch das weiße Tier wich den Wurfgeschossen geschickt aus. Es sah aus wie ein graziöser Tanz: Der Hase vollführte ohne jede Anstrengung mehrere Vorwärtsrollen und Luftsprünge. Es schien, als machte er sich lustig über die Versuche der Kinder, ihn zu erlegen. Das feuerte die beiden aufgebrachten Verfolger zu einem Endspurt an und sie rannten wie wild laut schreiend und brüllend hinter dem Tier her. Der Hase seinerseits rannte nun, als hätte er bislang nichts von seiner Energie verbraucht, mit irrsinniger Geschwindigkeit geradewegs aus dem Wald auf eine helle, offene Bergwiese.

Die Kinder folgten ihm so schnell sie konnten. Es war leichter, auf dem grasbewachsenen Boden voranzukommen, und es schien, als würden sie aufholen. Vor ihnen, mitten auf der Wiese, lag ein riesiger Felsbrocken und der feiste Plagegeist hielt geradewegs darauf zu. Sky Lynx war die Schnellere von den beiden Jugendlichen. Sie brachte ihr letztes bisschen Energie auf, um den agilen weißen Sprinter einzuholen, bevor er den Fels erreichen konnte. Flint Otter bemühte sich mitzuhalten, aber er konnte einfach nicht mehr weiterlaufen und warf sich völlig erschöpft ins weiche Bergwiesengras. Seine Freundin Sky Lynx war im Dorf als die schnellste Läuferin unter den Kindern bekannt. Nun befand sie sich nur noch knappe ein oder zwei Schritte hinter dem abgebrühten Hasen. Sie wusste, es war jetzt oder nie. Beide, Gejagte und Jägerin, hatten den Fels beinahe erreicht, als die junge Jägerin mit einem gewaltigen, halsbrecherischen Hechtsprung zu Boden kam und ihre Beute auf wundersame Weise fest an den Hinterläufen gepackt hatte. Die Kraft des Luchses machte sich bei ihr auf imponierende Art und Weise bemerkbar. Der große Hase war gefasst.

Der weiße Hase zögerte keinen Augenblick, sondern begann sofort bösartig um sich zu treten, um sich aus dem festen Griff des Mädchens zu befreien. Sky Lynx war erschöpft, aber ihr Jagdfieber war auf dem Höhepunkt angekommen und nichts würde sie jetzt noch dazu bringen, ihre Trophäe einfach aufzugeben. Der riesige Hase machte sich nun nicht mehr über sie lustig, und er war aus der Nähe viel größer und schwerer, als Sky Lynx es erwartet hatte. Wütend rollten und kämpften sie am Fuße des Felsen und lösten dabei eine atemraubende Staubwolke aus. Es war ein grimmiges Gefecht darum, wer stärker war und mehr Ausdauer hatte. Da entdeckte Sky Lynx den Höhleneingang des Wüterichs genau dort, wo sie miteinander rangen, und ihr war klar, dass der Hase wohl in seinem Bau verschwinden würde, wenn sie ihren Griff jetzt lockerte. Das Tier aber kämpfte verbissen um sein Leben, und als es begriff, dass es sich mit Tritten nicht losmachen konnte, warf es sich auf das Mädchen und versuchte zu beißen und zu kratzen. Glücklicherweise trug Sky Lynx ihr Hirschlederhemd, dennoch spürte sie, wie die aufgebrachte Kreatur ihre scharfen Vorderzähne in das Leder grub. Die Krallen drohten Sky Lynx' Hemd zu zerfetzen, doch das dicke Leder schützte das Mädchen vor ernsthaften Verletzungen. Sky Lynx wusste nur zu gut, dass sie schnell etwas unternehmen musste, um die Situation zu retten. Andernfalls würde diese außergewöhnliche Kreatur gewinnen, und sie würde mit leeren Händen oder gar verletzt nach Hause zurückkehren. Mit letzter Kraft richtete sie sich auf und begann den kämpferischen Hasen an seinen Hinterläufen im Kreis umherzuschwingen, auf dass er von ihrem Hemd abließe. Sky Lynx streckte ihre Arme aus und zog mit aller Kraft an den Beinen des Hasen. Bei der vierten Umdrehung lockerten sich seine Schneidezähne und Sky Lynx schmetterte ihn noch im selben Augenblick so fest zu Boden, dass er ganz benommen war. Vom Kampf aufgeputscht presste sie ihr Knie mit ihrem ganzen Gewicht auf den Brustkorb des Hasen und hielt ihn so am staubigen Boden fest. Schnell wie ein Falke ließ sie das rechte Bein des Hasen los und zog ihr kleines Messer aus Obsidian aus ihrem Gürtel. Sie hatte schon zum Todesstoß ausgeholt, als der überwältigte Nager seinen Kopf mit den schönen Schlappohren zu dem Mädchen umwandte und „Gnade!" rief.

Die glänzende schwarze Spitze ihres Messers stoppte genau am Hals des Hasen, und Sky Lynx bemerkte erstaunt den Kontrast der schillernd weißen Haare auf der blanken Obsidian-Schneide. Dieses zauberhafte Bild und der Ruf des Hasen zogen sie in Bann. Sie hielt mitten in ihrer Bewegung inne und konnte mit einem Mal nicht mehr beenden, worauf sie den ganzen langen Vormittag gewartet hatte. Sky Lynx erinnerte sich an die Worte ihres Vaters, als sie ihr geliebtes Messer erhalten hatte. „Es ist dazu gemacht worden, bei der Jagd benutzt zu werden und seine Aufgabe zu erfüllen. Benutze es weise, um deine Angehörigen mit Nahrung zu versorgen, und um das Leiden des Tieres schnell zu beenden." Sie wusste, dass sie das Leben des Hasen beenden musste, aber ihre Hand bewegte sich einfach nicht. Der riesige weiße Klopfer sah tief in die Augen des Mädchens, und Sky Lynx fragte sich, ob das, was sie hinter dem intensiven Blick zu erkennen glaubte, wirklich nur ein Hase war. Aber weder lockerte sie ihren Griff noch ließ sie mit der Messerspitze von ihrem Opfer ab. Gleichzeitig verlor sie jegliche Wahrnehmung von Zeit und konnte nicht sagen, wie lange sie schon so verharrte. „Hat er wirklich Gnade gesagt?", fragte sie sich.

Flint Otter erschien hinter ihnen, noch immer außer Atem, und hielt sich die Seite. Es war ein seltsamer Anblick, der sich ihm vor dem großen Felsen bot. Es schien, als seien Sky Lynx und der weiße Hase mitten in ihren Bewegungen erstarrt. Das Gras um sie herum war zertrampelt, und die beiden waren von Staub bedeckt. Es sah aus, als seien beide mit großer Gewalt aneinander geraten, und das machte ihre vollkommene Bewegungslosigkeit noch seltsamer. Der Wind brauste auf und eine Windhose entstand, die um den Felsen herumwirbelte und alle drei in eine undurchdringliche Wolke aus feiner Erde hüllte.

Als sich der Staub gelegt hatte, sprach der mysteriöse Hase erneut. „Du hast es dir nicht eingebildet. Ich habe um Gnade gebeten. Und wenn du mich freilässt, werde ich euch beide als Helden und mit einer wunderbaren Trophäe nach Hause schicken."

Sky Lynx wandte sich fragend an Flint Otter. „Hast du ihn sprechen gehört?" Der Junge nickte.

Sky Lynx wusste nun, dass sie es mit einem sehr kraftvollen Geistwesen zu tun hatten; sie hatte sich das alles nicht eingebildet. Langsam ließ sie das Hinterbein des Hasen los und nahm das Messer von seinem Hals. Als sie sich erhob, war sie darauf gefasst, dass das Tier sofort in seinem Bau verschwinden würde.

Der starke Hase aber rannte nicht fort, sondern setzte sich auf und schüttelte sich den Staub aus dem Fell. Er blickte seine beiden Gegner direkt an und sagte: „Nun, das war eine aufregende Jagd, und ihr beide habt erreicht, was den meisten Erwachsenen nicht gelungen wäre. Euer Durchhaltevermögen ist lobenswert! Ich habe dir, Sky Lynx, eine Trophäe versprochen, und die sollst du auch erhalten. Stell dir bloß vor, Du würdest mit leeren Händen nach Hause zurückkehren, ausgetrickst von einem schlauen alten Hasen. Niemand würde dir Glauben schenken, es sei denn, du hättest einen Beweis. Bevor ihr zu eurem Dorf zurückkehrt, ruht euch hier ein wenig aus. Und bitte vergesst nicht, allen euren Familien meine Grüße zu überbringen, sobald ihr wieder zuhause seid. Sagt ihnen, dass Xchahls, der Wunderbare Verwandler, seine guten Wünsche zum Stamm schickt." In diesem Moment verwandelte sich der Hase in eine wirbelnde Staubwolke und war nicht mehr zu sehen. Die beiden Kinder waren sich sicher, dass er nun unter dem großen Felsen entschwunden war. Aber als die Bergwinde die aufgewirbelte Erde fortgeblasen hatte, sahen sie zu ihrem Erstaunen das glänzend weiße Fell des Hasen auf dem Boden liegen, genau dort, wo er eben noch mit ihnen gesprochen hatte.

Sky Lynx trat vor und nahm voller Bewunderung ihren begehrten Preis auf. Sie hob ihn hoch, um ihn besser betrachten zu können. Das Fell war viel größer, als sie zunächst angenommen hatte. Alles war noch dort, wo es hingehörte: Pfoten, Ohren und Schwanz. Nur der Hase selbst war verschwunden. Das Fell roch herrlich, als sei es mit Kirschholz gebeizt worden, und es war weich und geschmeidig. Nirgendwo gab es einen Schnitt, der darauf hinwies, dass es einem Hasen abgezogen worden war. Sky Lynx wusste, dass eine so einzigartige Trophäe sehr hoch angesehen sein würde, wenn sie sie den Ältesten zuhause zeigte. Flint Otter beobachtete wie seine Jagdgefährtin das Hasenfell staunend hin und her drehte und ihre Hände immer wieder ungläubig darüber gleiten ließ. Er freute sich sehr für Sky Lynx und war stolz auf ihren Erfolg. Er wusste, dass man sie zuhause für ihr außergewöhnliches Abenteuer ehren würde, und die Anstrengung hatte sich wirklich gelohnt.

Der Sommerwind blies nun kräftig den Berghang herab. Er ließ die Kinder aufblicken und zum ersten Mal wurde ihnen bewusst, wohin der Hase sie geführt hatte. Die warme säuselnde Brise brachte die Nadeln und Blätter an den Bäumen, die die Wiese umstanden, dazu, ihre Bergmelodie zu singen. Erst in diesem Augenblick fühlten die beiden erfolgreichen Jäger die vollkommene Erschöpfung, die die anstrengende Jagd in ihnen ausgelöst hatte. Sie waren umgeben von einem Meer aus langem goldenen Gras, in dem unendlich viele Hochgebirgsblumen wogten. Der Felsen vor ihnen hatte eine sehr seltsame Form – seine Oberfläche war glatt und gerundet. Er war genau wie die Kinder es zum Klettern liebten und er lockte die beiden müden Jäger geradewegs zu sich, um von dort aus Ausschau zu halten. Xchahls hatte gesagt, dass sie sich eine Weile ausruhen sollten, bevor sie sich auf den Heimweg machten, und der Fels schien der perfekte Ort dafür zu sein.

Sky Lynx fand im Felsen einen Halt für ihren Fuß und kletterte hinauf zum vordersten Ende, von wo aus man das weit entfernte Tal sehen konnte. Sie reichte Flint Otter ihre Hand und half ihm hoch. Von ihrem nun höheren Standort aus konnten sie tief unter sich am Fluss ihr Dorf erkennen. Es war ein atemberaubender Blick über die gesamte Gegend, die sie ihre Heimat nannten. Das Tal war fruchtbar und breit und ernährte alle Clans im Überfluss. Zum ersten Mal in ihrem Leben wurde den Kindern wirklich bewusst, wie wunderschön ihr Land war. Es stimmte sie glücklich und dankbar. Die Aufwinde des frühen Nachmittags wehten ihnen direkt ins Gesicht und ließen ihre langen schwarzen Haare wild umherwirbeln. Es war geradezu berauschend! Sie standen nebeneinander auf dem Felsen, und für einen kurzen Moment spürten sie, was es wirklich bedeutete, siegreich und frei zu sein.

Eine ganze Weile harrten sie einfach so aus und ließen die Schönheit der lieblichen Bergwiese und dieses besondere Lebensgefühl auf sich einwirken. Als sie am frühen Morgen ihr Dorf verlassen hatten, hätte sich keiner von ihnen träumen lassen, welche Überraschungen sie auf ihrem harmlosen Ausflug in den Wald erwarteten. Die vielen Eindrücke dieses ereignisreichen Tages überwältigten die Sinne der Kinder. Müde legten sie sich auf den breiten und gemütlichen Felsen. Sky Lynx rollte ihr Hasenfell vorsichtig zu einem Kissen auf und fand vorn am Felsen eine glatte und behagliche Delle. Flint Otter legte sich am anderen Ende in eine Kuhle, die einer gemütlichen Schale glich. Er passte dort perfekt hinein, gerade so als hätte jemand diese Stelle nur für ihn vorbereitet. Das Letzte, an das die beiden sich erinnerten, bevor sie in den Schlaf glitten, waren die nun sanfte Briese und das Lied, das sie sang, während sie durch die umstehenden Bäume und das Gras strich.

Wann beginnt ein Traum? Oder ist ein Traum lediglich der Ausklang eines Wunsches, den man in einem wachen Augenblick hatte? Sky Lynx wusste nicht, ob sie überhaupt schon eingeschlafen war. Sie war sich nur des Windes sicher, dem sie lauschte und der sie liebkoste, aber das Geräusch, das sie jetzt vernahm, schien durch ihr Hasenfellkissen an ihr Ohr zu dringen, und es wandelte sich langsam in eine unbestimmte, immer stärker werdende Melodie. Wie sie so dalag, wurde ihr bewusst, dass es der massive Stein unter ihr war, der schwach vibrierte und der sie Stück um Stück an einen Ort brachte, so versteckt und tief gelegen, dass nur wenige, die jung wie Sky Lynx waren, je dorthin vorgedrungen waren. Es handelte sich um einen gleichmäßigen Takt, der sich zu einem klaren und wunderbaren Lied entwickelte. Zunächst dachte Sky Lynx, sie könne Worte ausmachen, aber dann erkannte sie, dass es sich nicht wirklich um Worte handelte, sondern vielmehr um einen uralten Rhythmus. Und dieser Rhythmus bedeutete ihr, dass alles in Ordnung war. Je tiefer sie in ihren Traum glitt, desto mehr verstand sie. Die

Botschaft war so uralt, wie der Stein auf dem sie lag. Und diese Botschaft war unabhängig von dem Verlauf der Zeit oder den Sorgen der Menschheit. Sky Lynx erinnerte sich daran, wie ihre Großmutter erzählt hatte, dass es nur wenigen Menschen gegeben war, ihr persönliches und ganz eigenes Geisterlied zu erhalten. Ein solches Lied war die Voraussetzung, um an den Heilungszeremonien teilnehmen zu dürfen, mit denen man anderen Menschen half. Und Sky Lynx befand sich bereits mitten drin im Geschehen: sie würde ihr Lied erhalten und eins werden mit ihm.

Im Traum erschien ihr der Felsen, auf dem sie lag, und sie beobachtete, wie er, von einem wirbelnden Windtrichter aus Staub verhüllt – sehr ähnlich der Staubwolke, in der der weiße Hase verschwunden war –, eine nicht auszumachende andere Form annahm. Mit der Zeit wurde in dem sich legenden Staub ein riesiger, mehrfarbiger Grizzly sichtbar, der sich aus dem Fels gebildet zu haben schien. Der Bär wurde Teil ihres Traum-Liedes. Er tanzte und schritt so graziös umher, wie Sky Lynx es einem so riesigen Bären nie zugetraut hätte. In Wahrheit wusste sie natürlich nicht, wie Bären tanzten, und vielleicht verhielt sich dieser Bär ganz normal. Er stellte sich auf die Hinterbeine, hob seine gewaltigen Pranken gen Himmel und schlug nach der Luft. Dann ging er auf alle Viere und drehte sich geschwind im Kreis. Dabei schüttelte er seinen großen Kopf von einer Seite zur anderen. Die ganze Zeit über sang er in einer wundervollen, tiefen Stimme und bat Sky Lynx, keine Angst zu haben, sondern es ihm, dem Häuptling der Wälder, Prärien und Berge, gleichzutun. Dieser großartige Grizzly weihte Sky Lynx in seine mächtige Erdgeist-Medizin ein! Er sang, dass er Xchalhs war, der

Starke Beschützer. Er sang darüber, wie man mit dem Wissen durch das Leben geht, dass niemand größer ist als man selbst. Und von ihm, dem unbesiegbaren Silberrücken, rührte die Fähigkeit, als Sieger aus allen Kämpfen und Konflikten hervorzugehen, die das Leben mit sich brachte. Er tanzte mit immer gleichen Bewegungen um Sky herum: er hob seine Pranken gen Himmel, ließ sich dann auf alle Viere fallen, drehte sich und schüttelte seinen Kopf. Das junge Mädchen prägte sich den Ablauf ganz genau ein. Der Bär schien um ein Vielfaches größer zu sein als ein normaler Grizzly, aber seine Bewegungen waren fließend und leicht. Sky Lynx war sich darüber im Klaren, dass sie sich jedes seiner Worte und jeden seiner Tanzschritte merken musste, um die ganze spirituelle Kraft des Bären zu ihrem Stamm zu bringen und sie während der Zeremonie ohne Fehler vorführen zu können. Ihre Urgroßmutter hatte sie diese Weisheiten gelehrt. Sie hatte ihr außerdem erklärt, dass eine Heilung nur dann eintreten oder Wissen nur dann übermittelt werden konnte und der Geist des Bären erst dann eintreffen würde, wenn der Tanz und das Lied genauestens nachgeahmt würden.

Sky Lynx spürte, dass sie dem Verlangen, ebenfalls zu tanzen, nicht widerstehen konnte. Ganz automatisch begann ihr Körper dem Rhythmus zu folgen. Sie stand dem Bären gegenüber, streckte sich, wenn er sich streckte und nach der Luft schlug, schüttelte genau wie er den Kopf von einer Seite zur anderen und drehte sich in weiten Kreisen. Viele Male ahmte sie die fließenden Bewegungen nach. Sie vollendete vier komplette Runden, dann war sie sich sicher, dass sie die ihr gezeigten Bewegungsabläufe beherrschte und ihr Geistlied und ihren Geisttanz selbst aufführen konnte.

Sky Lynx träumte noch immer, aber sie begriff, dass es einer Opfergabe bedurfte. Nur so würde eine lebendige Verbindung, eine Vereinbarung, zwischen ihr und dem Bären bestehen. Und sie wusste, jedes Mal, wenn ein bindender Vertrag geschlossen wurde, war ein Tausch notwendig. Und während sie noch weiter tanzte, fragte sie sich bereits, was sie dem Bären wohl als Opfergabe und als Zeichen ihres Dankes geben sollte. Sie war jung und hatte keinen Besitz. Lediglich ein kleines Messer aus Obsidian gehörte ihr, und obwohl sie es sehr liebte, fühlte sie doch, wie wichtig es in diesem Moment war, etwas zu geben, das ihr am Herzen hing.

Sie betrachtete das Fell des Bären genauer und stellte fest, warum es so vielfarbig schimmerte: Über den ganzen Körper des Bären verteilt befanden sich Zeichnungen von den verschiedensten Tieren. Sie waren alle verschieden farbig. Da waren die Silhouetten von so vielen Tieren auf dem Fell. Die meisten kannte sie, aber es gab darunter auch einige, die ihr unbekannt waren. Auf dem großen runden Bauch des Bären erkannte Sky Lynx Hirsch, Lachs und Kolibri. Und als Bär sich drehte, sah sie Adler, Reh und Schildkröte unter den Wesen auf seiner linken Schulter. Als der mächtige Grizzly sich dann aufbäumte, um mit den Pranken durch die Luft zu schlagen, entdeckte sie auf seiner Brust den Umriss ihres wohlbekannten Gegners, des großen weißen Hasen, und er leuchtete intensiv.

Indem sie den Umriss des Hasen erkannte, erinnerte Sky Lynx sich daran, dass sie doch etwas besaß, was ihr bei weitem mehr Wert war als ihr geliebtes schwarzes Messer. Das magische Hasenfell war der bisher kostbarste Besitz in ihrem Leben und sie hätte es liebend gern zuhause vorgezeigt, als ein Beweis für ihr Abenteuer. Das Fell herzugeben war wahrlich ein großes Opfer, aber sie wusste in ihrem Herzen, dass es manchmal nötig war, die wertvollsten Andenken herzugeben, um wichtigere Ziele erreichen zu können. In diesem Moment schlief sie selbst auf dem wertvollen Fell und nutzte es als warmes und weiches Kissen auf dem harten Stein. Hier, in ihrem Traumlied, während sie dem lehrenden Grizzly gegenüber tanzte, hing das Fell jedoch an ihrem Gürtel. Es war die natürlichste Sache auf der Welt, während des Tanzens zu dem singenden Bären hinüber zu wirbeln. Und als er sich auf die Hinterbeine stellte, bot sie ihm mit ausgestreckten Armen ihre Trophäe an. Das Fell entschwebte Sky Lynxs Händen, und sie beobachtete, wie es auf der Brust des Bären mit dem Umriss des Hasen verschmolz und verschwand. In dem Augenblick, als das Fell und der Umriss des Hasen eins wurden, wurde Sky Lynx von einem grellen weißen Lichtstrahl geblendet. Plötzlich hörte sie weder, noch sah sie etwas in ihrem Traum.

Es waren der Wind, der ihre Wangen streichelte, und der Duft des Kiefernwaldes und der Bergwiese, die sie aufweckten. Langsam kehrten ihre Sinne zurück. Sky Lynx wurde bewusst, dass sie noch immer auf dem Felsen lag. Mit vom Schlaf schweren Augen blickte sie auf. Sie sah den wunderschönen blauen Himmel über sich und rief sich in Erinnerung, was alles in ihrem Traum geschehen war. Im nächsten Augenblick tastete sie bereits nach ihrem Hasenfell, um zu prüfen, ob es noch da war. Und sie war sehr erleichtert, als sie fühlte, dass es noch immer unter ihrem Kopf lag. Die Trophäe war in dieser Welt Wirklichkeit, und es schien ihr, als hätte sie selber eine große Prüfung durchgestanden, indem sie sich bereit gezeigt hatte, etwas für sie derart Wertvolles aufzugeben. Dafür und im Austausch hatte sie ihr Geistlied erhalten.

Auf einmal hörte Sky Lynx, wie Flint Otter sich rekelte. Sie setzte sich auf, um herauszufinden wie er geschlafen hatte. Aber noch bevor sie etwas zu ihm sagen konnte, bemerkte sie, dass sich die Oberfläche des Felsens, auf dem sie sich befanden, vollkommen verändert hatte. Die Größe war dieselbe geblieben, aber es war kein verwittertes Gestein mehr, auf dem sie saßen, sondern dickes, silbergraues Fell. Nun begann sich der Untergrund zu bewegen. Die Kinder sprangen ab und begannen so schnell sie nur konnten davonzulaufen. Der Felsen war tatsächlich Xchahls der Verwandler gewesen. Mit seiner tiefen Stimme rief er den Kindern zu, dass sie keine Angst zu haben brauchten. Das eigentliche Abenteuer würde erst noch beginnen.

Sky Lynx und Flint Otter hielten inne und wandten sich um. Dieser Tag hatte ihnen bereits eine ganze Reihe von bemerkenswerten Ereignissen beschert. Warum also nicht auch noch einen übergroßen Grizzly, der vormals ein riesiger Fels gewesen war. Xchahls deutete ihnen mit seiner mächtigen Pranke zurückzukommen, und wandte dann den Kopf bergab, um ihnen zu zeigen, was er sah. Die beiden Kinder traten zu ihm. Sie waren neugierig, was der mächtige Bär unten in ihrem Heimattal wohl entdeckt haben mochte. Aber auch als sie den Grizzly erreicht hatten, konnten sie sich nicht von seinem Anblick und seiner bemerkenswerten Ausstrahlung losreißen. Sky Lynx hatte keine Zweifel: Es war derselbe Bär, dem sie in ihrem Geistlied-Traum begegnet war. Zugleich war sie sich sicher, dass Flint Otter ihn zum ersten Mal sah. Und es verschlug beiden den Atem, den Bären leibhaftig neben sich stehen zu sehen. Seit frühster Kindheit waren ihnen Geschichten über den mächtigen Grizzly erzählt worden, und ein jeder wusste, dass ihm höchster Respekt entgegenzubringen war. Jetzt, da sie direkt neben ihm standen, konnten sie seine Größe und sein vielfarbiges Fell mit all den Tiermustern nur bestaunen.

„Während ich auf dem Felsen schlief, träumte ich von ihm, wie er, genau wie er es jetzt tut, hier steht und in die Ferne schaut", sagte Flint Otter. „Dann lud er uns ein, auf seinen Rücken zu klettern und mit ihm einen Ausflug in eine sehr seltsame Welt zu machen."

„Du sprichst die Wahrheit junger Mann", dröhnte Xchahls. „Bevor wir uns auf unsere Reise ins Tal begeben, kommt und seht euch an, was aus eurem Zuhause geworden ist."

Die beiden jungen Jäger wandten sich um und sahen erst jetzt, was der Bär die ganze Zeit über angeschaut hatte. Seit sie vor dem Einschlafen gemeinsam auf dem Felsen gestanden und ihr Dorf im Tal gesichtet hatten, hatte sich der Anblick vollkommen verändert. Sie konnten es nicht fassen: Das, was sie jetzt erblickten, sollte derselbe Ort sein wie vorher?

„Was ist mit unserem Zuhause geschehen?", fragten sie Xchalhs geschockt und aufgebracht.

„Was ihr seht, ist euer Tal viele Generationen in der Zukunft, viele viele Jahre nachdem ihr es heute Morgen verlassen und euch auf die Jagd nach dem weißen Hasen begeben habt. Ihr klettert besser auf meinen Rücken, und auf dem Weg ins Tal werde ich euch alles zeigen und erzählen, was ihr wissen möchtet und müsst", erwiderte Xchalhs.

Xchalhs machte sich klein und legte sich flach auf seinen riesigen runden Bauch. So konnten die Kinder auf seinen Rücken klettern. Sie setzten sich direkt hinter seinen flauschigen runden Ohren auf seinen breiten Nacken. Die ganze Zeit über waren ihre Blicke auf das gerichtet, was sich ihnen im Tal darbot.

„Seid tapfer und erinnert euch an meine Stärke. Eines Tages wird alles einen Sinn ergeben. Erst einmal haben wir die großartige Möglichkeit, durch eure Heimat zu wandern und wir können versuchen zu verstehen, warum sie sich so drastisch verändert hat", sagte Xchalhs. Der mächtige Bär begann langsam den Berghang hinabzuwandern und erreichte schon bald die ersten Wohnstätten der riesigen Siedlung, die das Tal der Kinder inzwischen beherrschte.

„Viele Dinge, die ihr sehen werdet, haben keinen Namen und keine Funktion in eurer Heimat. Deshalb werde ich sie einfach so nennen, wie es hier in dieser Zeit üblich ist. Was ihr seht, ist eine sogenannte Stadt, in der viele Menschen zusammenleben. So viele wie Lachse im Mond des Laichens. Das Wort, das man hier für eine so große Zahl von Menschen verwendet, heißt Millionen und die meisten derer, die hier wohnen, kennen einander nicht", erklärte Xchahls den tapferen Kindern auf seinem Rücken. Sky Lynx und Flint Otter konnten es nicht fassen, dass es einen Ort gab, an dem man nicht alle kannte, mit denen man im Dorf zusammenlebte. Sie blickten nach unten und bemerkten, dass Xchalhs nicht mehr über Gras oder Erde lief, sondern dass seine langen Krallen nun geräuschvoll auf dem glatten Stein unter seinen Pfoten kratzten.

„Die Menschen, die hier leben, haben die Erde mit sogenanntem Zement zugepflastert und reisen auf diesen breiten harten Wegen, die sie Straßen nennen", erläuterte Xchalhs. Wie die Kinder alles, was sie sahen, bewundernd betrachteten! Aber sie spürten auch die Angst in ihren Herzen, und Sky Lynx bemerkte, wie Flint Otter, der hinter ihr auf dem Nacken des Grizzlys saß, seine Arme, die ihre Taille umschlungen hatten, ein wenig fester an sie drückte. Beide Kinder fühlten sich geehrt, an diesem Abenteuer teilzunehmen, aber sie waren gleichzeitig sehr erleichtert, dass sie alles in Sicherheit, von Xchahls breitem Rücken aus erleben konnten. Behausungen, so wie sie sie nie zuvor gesehen hatten, standen dicht an dicht zu beiden Seiten. Große seltsame Schachteln mit vielen glänzenden reflektierenden Öffnungen in ihren Wänden, die bei den Kindern den Anschein erweckten, als hätten die Behausungen dunkle quadratische Augen. Vor diesen Wohnstätten waren keine Menschen zu sehen. Stattdessen verfügte fast jede über einen hohen Wasserstrahl, der sich auf kurzem hellgrünen Frühlingsgras, das aussah, als hätten sich unzählige Wildgänsescharen ununterbrochen daran gütlich getan, langsam vor und zurück bewegte. Entlang der Straße, wie Xchalhs es genannt hatte, und vor den Wohnstätten gab es außerdem viele merkwürdig aussehende riesige Kisten mit dicken schwarzen Rädern an ihrer Unterseite.

„Was ihr neben uns auf der Straße seht, benutzen die Menschen hier als Transportmittel. Sie nennen die Dinger Autos und ihr müsst sie euch vorstellen wie ein rollendes Kanu für den Landgebrauch. Fast jede Familie hier besitzt ein Auto und nur wenige gehen zu Fuß von einem Ort zum anderen", sagte Xchalhs. Als sie der Straße weiter folgten, standen die Autos zu beiden Seiten von ihnen in Schlangen und ein jedes hatte eine andere leuchtende Farbe.

„Die rollenden Kanus müssen sehr heilig sein, denn sie alle tragen die magischen Farben, die für Zeremonien bestimmt sind“, sagte Sky Lynx laut. „Vollziehen die Menschen hier auch ihre Rituale in ihnen und erlangen die Kraft der Farbe, in der sie angemalt sind?“, erkundigte sie sich.

„Nein, junge Jägerin. Die meisten Menschen hier erinnern sich nicht an den magischen Gebrauch der Farben, die die Erde uns gibt. Sie haben die unterschiedlichen Farben nur deshalb, weil sie ihre Autos so leichter von denen ihrer Nachbarn unterscheiden können oder weil ihnen eine Farbe besser gefällt als eine andere. Die Autos werden nicht bewusst für Zeremonien verwendet, aber einige Menschen verbringen sehr viel Zeit miteinander, während sie in ihnen sitzen und lange Strecken zurücklegen“, erklärte Xchalhs.

Als die Kinder im Vorbeigehen in die Autos hineinspähten, sahen sie, dass sie innen von einer Seite zur anderen mit weichen Langhaus- oder Kanubänken versehen waren, die mit glatten Häuten bezogen waren. Die Kinder konnten nicht glauben, dass sich ihr Volk so sehr verändert hatte, dass es nun all diese wundersamen Dinge gab, und auch nicht, dass ein jeder anstatt zu Fuß zu laufen nun zusammengedrängt in diesen überdachten rollenden Kanus saß.

„Es waren nicht die Nachkommen eures Volkes, die diese Dinge hergestellt oder eure Welt derart verändert haben“, stellte Xchahls richtig und fügte hinzu: „Schaut den Steinpfad entlang und ihr werdet etwas auf uns zukommen sehen, dass euch besser zeigen wird, was ich meine.“

Eines dieser Autos kam den Hügel hinauf direkt auf sie

zugefahren, schneller als das flinkste Reh laufen konnte. Erst sah es so aus, als würde das Auto mit ihnen zusammenstoßen, aber kurz vor ihnen wurde es schnell langsamer und bog zu einem der Häuser am Rand der Straße ab. Die Kinder kauerten sich so tief es ging hinter Xchalhs riesigen Kopf und waren erleichtert, dass das Auto nicht näher an sie herangekommen war. Seltsamerweise hatte es nicht den Anschein gehabt, als hätte man sie mitten auf der Straße stehen sehen. Das rollende Kanu hielt vor der Behausung und eine Frau stieg aus. Eine solche Frau hatten sie nie zuvor gesehen. Ihr Gesicht war blass wie Schnee im Frühling und sie trug ein leuchtend rotes Kleid, das sich mühelos in der Brise bewegte.

„Es muss sich um sehr feines Leder handeln“, dachten sie, „dass es sich in einer so leichten Brise derart einfach bewegt.“ Am erstaunlichsten war jedoch die Haarfarbe der Frau. Das Haar sah aus wie das Gras im Mond der Beeren – hell gelb – und glänzte im Sonnenlicht. „Was für eine Art Mensch dies wohl war?“, dachten sie. Die Frau stammte ganz offensichtlich nicht aus ihrem Heimatdorf.

„Zu welchem Stamm gehört sie? Von unseren Nachbarstämmen sieht niemand auch nur im Entferntesten so aus wie sie“, riefen die Kinder.

„Diese Frau ist hier in eurem Tal geboren und ihre Vorfahren sind nur zwei Generationen zuvor aus einem weit entfernten Land hierhergekommen. Nur wenige von ihnen erinnern sich an dieses alte Land, sie nennen dies hier nun ihre Heimat. So viele wie die Sterne an einem klaren Nachthimmel sind gekommen und leben nun hier“, fuhr Xchahls fort.

„Was ist geschehen?“, fragten die Kinder aufgeregt.

„Die Neuankömmlinge kamen hungrig und verzweifelt aus ihren weitentfernten Heimatländern hierher, eroberten alle Stämme dieses großen Kontinents und sind nun die Häuptlinge hier. Die meisten Angehörigen eures Volkes sind bereits vor Generationen umgekommen. Aber einige haben die Eroberung überlebt und leben auch in dieser weit in der Zukunft liegenden Zeit noch immer unten am Fluss", erwiderte der Grizzly.

Als die Kinder Xchahls Erklärung hörten, waren sie traurig. Sie hofften, dass ihre Reise bald vorüber sein würde und sie nach Hause zurückkehren und diesen Alptraum hinter sich lassen konnten.

Der Mächtige Verwandler fühlte die Traurigkeit der Kinder und wandte sich abermals an sie, um ihnen Mut und Kraft zuzusprechen. „Habt keine Angst, ihr Kleinen. Ich habe euch am Felsen hoch oben auf der Bergwiese gesagt, dass ihr als Helden nach Hause zurückkehren werdet, und ein Held muss stark sein, damit er seinen Mitmenschen helfen kann. Egal wie sehr euch all dies auch schmerzen mag, es ist ein Segen für euch, zu wissen, was die Zukunft bringen wird. Sobald ihr wieder zuhause seid, müsst ihr eure Geschichte erzählen, um eure Familien vor dem Unausweichlichen zu warnen, und um ihnen zu sagen, dass sie sich auf den Sturm, der da auf sie zukommt, vorbereiten sollen", erklärte Xchahls.

Sky Lynx und Flint Otter erkannten die Weisheit in den Worten des mächtigen Bären. Und obwohl ihnen alles, was sie erlebten, sehr seltsam und verwirrend erschien, versteckten sie sich doch nicht mehr ängstlich hinter seinem massiven Kopf, sondern akzeptierten ihr Schicksal und saßen aufrecht und schweigend da. Erneut wandten sie ihre Aufmerksamkeit der Frau zu. Sie schloss die Tür ihres Autos und ein lautes Geräusch war zu hören, etwas wie das Klicken der Gebetspaddel im Dorf der Kinder. Dann ging die blasse Frau um ihre seltsame fahrende, bemalte Kiste herum und öffnete am hinteren Ende eine weitere Öffnung, aus der sie drei braune Säcke nahm. Die Säcke waren mit merkwürdig geformten Dingen gefüllt, die in glänzende bunte Häute gewickelt waren.

„Was macht sie nur?", wunderten die Kinder sich.

„In den braunen Säcken befindet sich das, was sie essen, verpackt in das, was ihr für bunte Häute haltet. Nur wenige Menschen gehen in der Zeit, in der wir uns im Augenblick befinden, noch auf die Jagd oder zum Fischen oder sammeln ihre eigenen Lebensmittel", beschrieb Xchahls.

„Woher bekommen sie dann ihr Essen?", fragte Flint Otter, der sich nicht vorstellen konnte, wie so etwas möglich sein sollte.

„Die Menschen hier tauschen Dinge für Nahrungsmittel und andere, die manchmal sehr weit fort von hier leben, stellen das Essen für sie her und bringen es dann in ein riesiges Haus voller Essen ganz hier in der Nähe, in dem die verschiedensten Arten von Wildbret, Kartoffeln, Beeren und alle anderen notwendigen Vorräte unter einem Dach zusammengebracht werden. Die Frau vor euch kommt gerade von so einem Essenshaus", sagte Xchahls.

„Was tauschen die Menschen denn für ihr Essen, wenn sie selbst weder jagen noch sammeln?", fragte Sky Lynx.

„Sie nennen es Geld, aber in eurer Welt existiert eine solche Sache oder ein solcher Gedanke nicht, und es wäre sehr schwierig für euch, diese eigenartige Idee zu verstehen. Versucht euch das einzuprägen, was ihr seht und hört, während wir durch diese Welt reisen. Ihr werdet sicher nicht alles, was ihr hier erlebt, sofort verstehen. Aber eines Tages werden die Menschen in eurem Dorf erkennen, dass ihr die Wahrheit gesprochen habt", sagte Xchahls.

Sky Lynx´ und Flint Otters Aufmerksamkeit wurde abermals auf die Frau gelenkt. Sie ging nun zu ihrem Haus, stellte die drei vollen Beutel mit Essen ab und kam dann zum Auto zurück. Sie öffnete eine der hinteren Türen und verbrachte einige Zeit damit, zwei kleine Kinder von ihren Sitzgurten loszuschnallen. Dann ließ sie die beiden aussteigen. Das kleinere Kind war ein Mädchen, nur ungefähr vier Winter alt. Ihr Bruder zählte vielleicht sechs Winter. Die beiden waren genauso blass wie ihre Mutter. Sie begannen sofort laut schreiend auf dem kurzen grünen Gras vor dem Haus umherzulaufen und einander zu jagen. In ihren Händen hielten sie die wunderbarsten bunten wirbelnden Räder. Wenn die Kinder stillstanden, hörten die Räder auf sich zu drehen, aber wenn die Kinder rannten, dann wirbelten sie wild im Kreis.

„Wie wunderbar diese Spielsachen doch sind", dachten die beiden Jäger auf Xchalhs Rücken. Es war beruhigend zu sehen, dass die kleinen Kinder hier in dieser Welt, so weit entfernt von ihrer eigenen, einen solchen Spaß hatten.

„Diese wundervollen Spielsachen, mit denen die kleinen Kinder spielen, werden Windräder genannt. Unter den vielen Spielsachen, die die Kinder hier besitzen, sind dies die einfachsten Spiele. Die Kinder der Zukunft verbringen ihre Tage mit so vielen grundlegend anderen Beschäftigungen, als die, mit denen ihr beide eure Kindheit zugebracht habt. Die kleinen Kinder sind in dieser seltsamen Welt die freiesten von allen. Der ältere Junge wird bald in die sogenannte Schule gehen müssen und ist dann von morgens bis nachmittags von seinen Eltern getrennt, um von anderen Ältesten, die hier Lehrer heißen, Geschichten erzählt zu bekommen und die Dinge zu lernen, die sie in ihrer Welt wissen müssen“, erklärte Xchahls.

„Du meinst, wie man Feuer macht und ein Tier häutet und lauter solche Dinge, die wir vor vielen Wintern, als wir in ihrem Alter waren, gelernt haben?“, fragte Flint Otter.

„Nein, mein junger Freund. Diese Kinder lernen nicht mehr dieselben Dinge, die ihr gelernt habt. Bei der sogenannten Schule handelt es sich um ein sehr großes Haus, in dem man sitzt und etwas lernt, von dem man in eurer Welt nichts weiß. Sie verbringen ihre gesamte Kindheit in diesen Schulen und verlassen sie erst, wenn sie junge Erwachsene sind. Die meiste Zeit halten sie sich im Inneren dieser Häuser auf. Nur sehr selten sehen sie einen Wald, Fluss oder Berg und erleben, was für euch beide alltäglich ist“, sagte Xchahls.

Sky Lynx und Flint Otter konnten nicht begreifen, was in einer Schule über so viele Jahre unterrichtet wurde, wenn die Kinder nicht einmal die grundlegendsten Dinge des Lebens gezeigt bekamen. Allein die Idee, jahrelang in einem Haus zu sitzen und nicht frei in der Schönheit der Natur umherstreifen zu können, war für sie unvorstellbar. Aber sie mochten keine weiteren Fragen stellen, denn die Antworten machten ihnen Angst. Zuhause hatte man ihnen beigebracht, dass man beobachten und zuhören musste, wenn man Weisheit erlangen wollte und dies schien auch die beste Art und Weise zu sein, ihre magische Reise zu vollenden.

Die beiden jungen Jäger beobachteten also die spielenden Kinder im Gras. Die Mutter der Kinder war mit den Taschen voller Essen ins Haus gegangen und die kleinen Geschwister liefen auf Xchahls zu, der am Bordstein stand. Das kleine Mädchen wäre beinahe gegen den riesigen Grizzly gestoßen und blickte erst jetzt auf und entdeckte Sky Lynx und Flint Otter, die auf seinem Rücken saßen und zu ihnen hinunterschauten. Die jungen Geschwister bestaunten mit offenen Mündern was da vor ihnen stand, und der kleine Junge sagte zu seiner jüngeren Schwester: „Wow, siehst du das?" Das kleine Mädchen stieß einen schrillen Schrei aus, ließ ihr Windrad auf den Bürgersteig fallen und lief zurück zum Haus. Die Mutter der Kinder stürzte aus dem Haus und hob ihre schreiende Tochter auf. Dann rief sie ihrem Sohn zu, von der Straße wegzugehen und ihr zu sagen, warum seine Schwester so aufgelöst war. Der kleine Junge hörte das Rufen seiner Mutter nicht. Er blickte zu Xchahls auf und sagte immer wieder: „Wow!" Die Mutter lief zu ihm und ergriff seinen Arm. Dann schrie sie ihn an, er solle ihr sagen, was passiert war und warum er ihr nicht antwortete, wenn sie ihn rief. Der kleine Junge sah sie erstaunt an. Dann wandte er sich um, deutete auf Xchahls und sagte zu seiner Mutter: „Sieh nur der riesige Bär mit dem bunten Fell und den beiden Indianerkindern auf dem Rücken." Seine Mutter schrie ihn abermals an. Es würde kein Bär vor ihnen stehen, und sie sei sehr verärgert, dass er solche Geschichten erfand und seine Schwester in einen derartigen Schrecken versetzte.

„Aber sie stehen doch direkt vor uns", rief der Junge. „Schau, ich kann sie beinahe berühren!" Der Junge trat näher an Xchahls heran und wollte ihn schon anfassen. Aber seine

Mutter wurde so wütend, dass sie den Jungen energisch am Arm packte und ihn zu sich drehte. „Es ist niemand außer uns dreien hier, und wenn du nicht sofort mit diesem lächerlichen Blödsinn aufhörst, werde ich dich zum Onkel Doktor bringen. Der wird dir das Lügen und Dinge sehen schon austreiben. Und auch das Verängstigen deiner Schwester. Jeden Tag siehst oder hörst du etwas Neues und es ist nicht mehr lustig. Hör auf, dir Tiere oder Menschen einzubilden, die nicht da sind! Und weil du so ein unartiger Junge bist, gehst du jetzt sofort auf dein Zimmer und bleibst bis zum Abendessen dort. Dann kommt dein Vater nach Hause", schimpfte seine Mutter ihn aus.

Der kleine Junge brach in Tränen aus. Dann lief er zum Haus zurück und schrie: „Aber sie sind da, ich kann sie sehen! Ich sehe sie und ich lüge nicht!"

Die Mutter, die noch immer ihre kleine Tochter trug, richtete sich an der Stelle auf, an der sie sich hingekniet hatte, um ihren Sohn zu schelten und begann seufzend zum Haus zurückzugehen. Wenige Schritte von Xchahls und seinen beiden Begleitern entfernt hielt sie abrupt inne und drehte sich langsam zu ihnen um. Ein seltsames Gefühl hatte sie überkommen. Sie blickte die Straße entlang in beide Richtungen, konnte aber nichts sehen. Dann wandte sie ihren Blick zu der Stelle, auf die ihr Sohn eben gezeigt und behauptet hatte, dass dort ein Bär und zwei Indianerkinder stünden. Sie blickte genau dorthin, wo die drei noch immer standen, und Sky Lynx sah deutlich, dass die blasse Frau merklich zitterte und dann energisch den Kopf schüttelte, gerade so als wolle sie sich selbst davon überzeugen, wie unmöglich es war, dass etwas vor ihr stand.

„Siehst du, mein Schatz, dein Bruder wollte dich nur auf den Arm nehmen", erklärte sie ihrer Tochter. Dann ging sie mit schnellen Schritten ins Haus und schlug die Tür laut hinter sich zu. Die beiden jungen Jäger hörten von der Tür her ein diskretes Klick-Geräusch.

„Die Kinder haben uns sehen können, aber ihre Mutter nicht", sagte Sky Lynx zu Xchahls. Es war mehr eine Feststellung als eine Frage, denn sie hatte gelernt, sich mit Fragen zurückzuhalten.

Xchahls antwortete nicht, sondern streckte seine gewaltige Pranke aus, hob mit einer seiner langen Krallen vorsichtig das Windrad auf, das das kleine Mädchen auf den Bürgersteig hatte fallen lassen, und reichte es Flint Otter. „Eine kleine Erinnerung an unsere Zeit hier. Ich bin mir sicher, das kleine Mädchen hätte gewollt, dass ihr das Windrad bekommt, wenn sie wüsste, wer ihr seid. Und nun habt ihr obendrein noch etwas, das ihr mit nach Hause nehmen könnt", sagte Xchahls.

Flint Otter nahm das Windrad ehrfürchtig aus der Pranke des Grizzly und bewunderte es. Eine sanfte Brise brachte es in Bewegung und all seine das Sonnenlicht reflektierenden, leuchtenden Farben ließen Flint Otter lächeln. Er löste den schönen Stachelschweinborstengürtel, den seine Mutter für ihn gemacht hatte, und warf ihn vorsichtig dorthin, wo Xchahls eben das Windrad aufgehoben hatte. „Wie wunderbar dieses glänzende Medizinrad doch anzusehen ist", dachte der junge Jäger, als es sich im sanften Wind drehte.

„Diese Familie wird etwas zum Nachdenken haben, wenn der Vater von der Arbeit nach Hause kommt und deinen Gürtel dort findet, wo das kleine Mädchen ihr Windrad fallengelassen hat, und wenn er ihn dann seiner perplexen Frau zeigt", sagte Xchahls. „Ich bin mir sicher, dass der kleine Junge nie vergessen wird, was heute geschehen ist, und auch er wird ein Erinnerungsstück haben, das er bewundern kann." Xchahls, der Mächtige Verwandler, drehte dem Haus den Rücken zu und wanderte bergabwärts in Richtung Stadtzentrum.

„Ich denke, es wird das Beste sein, wenn ich mein äußeres Erscheinungsbild etwas verändere, damit ich nicht noch mehr kleine Mädchen erschrecke", sagte der bunt glitzernde Grizzly. Kaum hatte er das gesagt, rutschten die jungen Freunde auch schon rückwärts von Xchahls breitem Nacken und landeten auf dem starken Rücken eines pechschwarzen Hengstes.

„Diese großartige Erscheinung wird angemessener sein als meine vorherige Gestalt, sollten uns wieder mal kleine Kinder entdecken. Besonders da wir uns nun tiefer in ihre geschäftige Zivilisation vorwagen", überlegte Xchahls mit einem Hauch von Sarkasmus.

Sky Lynx und Flint Otter bestaunten voller Bewunderung das glänzend schwarze Pferd, auf dem sie saßen! In welch großartiges Tier Xchahls sich verwandelt hatte! Die beiden Kinder freuten sich ehrlich, auf ihm zu reiten, und vergaßen beinahe, dass nicht alles auf dieser magischen Reise freundlicher Natur war. Während die drei auf ihrem Weg stadteinwärts an weiteren Häusern vorbeikamen, geschah es immer wieder, dass andere kleine Kinder vom Spielen aufblickten, auf sie deuteten und ihnen zuwinkten, als seien die drei Reisenden Teil einer vorbeiziehenden Parade. Keiner der Erwachsenen jedoch bemerkte sie. Sie suchten lediglich die

Straße ab um herauszufinden, wen oder was ihre Kinder gegrüßt hatten.

Die beiden tapferen Jäger sahen abermals neue Dinge.

Ihr gesamtes heiliges Tal hatte sich in ein Meer von Straßen und Häusern verwandelt. Überall gab es Menschen. Mehr, als die Jugendlichen jemals zuvor in ihrem Leben gesehen hatten. Als sie sich dem Fluss näherten, der das Zentrum der Stadt durchzog, waren die Häuser plötzlich sehr hoch und vermittelten den Eindruck, als wüchsen sie bis in den Himmel hinauf. Immer wieder standen hohe Holzpfosten in der Stadt, an denen unendlich viele Reihen von schwarzen Leitungen angebracht waren. Alle diese Leitungen waren mit Häusern verbunden.

„Kein Ort, an dem Adler oder Habichte fliegen können“, dachte Flint Otter. „Sie würden sich mit Sicherheit in den Leitungen verheddern.“ Blinkende bunte Lichter, die von grün auf rot und dann gelb wechselten, hingen von den Leitungen. Ein Fluss von rollenden Landkanus zischte an ihnen vorbei, wie ein endloser Strom, der aus allen Richtungen zu kommen schien. Die beiden Kinder, die auf dem wunderbaren schwarzen Hengst ritten, wurden von den Menschenmassen, die in Autos oder zu Fuß an ihnen vorbeizogen weder gesehen noch gefühlt. Alles ging durch die drei Reisenden hindurch und es brauchte eine Weile, bis die jungen Jäger sich daran gewöhnt hatten, dass sie Gespenstern gleich durch diese seltsame Welt reisten. Lange Zeit sahen sie weder einen Baum noch ein Büschel Gras, und je weiter sie in die Canyons aus polierten Steinhäusern vordrangen, desto eiliger schienen es die Menschen zu haben. Ein jeder hatte hier einen sehr ernsten Gesichtsausdruck, als seien sie alle unterwegs, um eine wichtige Mission zu erfüllen oder um auf die Jagd zu gehen. Doch nirgends waren Tiere oder spielende Kinder zu sehen.

Sky Lynx sagte: „Oh, wie sehr es hier doch stinkt! Und der Lärm ist nicht zum Aushalten!“

„Das sind der Lärm und der Geruch, der entsteht, wenn so viele Menschen so dicht beieinander wohnen“, sagte Xchalhs. Sky Lynx versuchte, sich mit geschlossenen Augen an die kühle Morgenbrise auf ihrem Gesicht zu erinnern und an den Geruch des Flusses und des Waldes in ihrem Heimatdorf. Riesige Zedern und Fichten bewegten sich langsam im Wind. Dünne Rauchsäulen stiegen von den Dächern des Langhauses auf. All das schien unendlich weit fort von hier zu sein. Aber sie wusste, dass sie sich in diesem Moment an genau demselben Ort befand, den sie am Morgen gemeinsam mit Flint Otter verlassen hatte. „Es ist in der Tat eine außerordentliche Jagd gewesen“, dachte das furchtlose Mädchen. „Und es war nicht nur eine Jagd nach einem mysteriösen weißen Hasen, sondern vor allem eine Jagd nach Wissen und der Erkenntnis, was einmal aus unserer Heimat werden wird.“

Sie befanden sich nun schon nahe am Fluss – sie hatten die hohen glänzenden Gebäude hinter sich gelassen. Die Straßen, denen sie folgten, sahen arm und heruntergekommen aus. Die Häuser waren sehr schmutzig und nur wenige Stockwerke hoch. Es gab auch nicht mehr so viele Autos, dafür aber jede Menge gebückt gehende und gebrochen aussehende Menschen, die in Lumpen gekleidet waren und seltsame Drahtwagen vor sich herschoben. Die Wagen waren über und über beladen mit Taschen voller alter Kleidung und mit anderen, unbekannten Dingen. Die Menschen erinnerten

Flint Otter an seinen Onkel zuhause im Dorf. Er war ein sehr schlechter Jäger und bekam oft Essen von seinem Vater. „Die Straßen hier sind wirklich voll von erfolglosen Jägern", dachte Flint Otter. Einige lagen flach auf der steinernen Straßenoberfläche, andere schliefen auf Bänken. Ein Mann, der mitten am Tage schlief! Von so etwas hatten die jungen Jäger noch nie gehört! Niemand hier ging schnell oder war in Eile und an jeder Straßenecke standen ganze Gruppen von Menschen beieinander, ohne einen ersichtlichen Grund. Sie waren nicht damit beschäftigt, ein Kanu zu schnitzen oder Waffen für die Jagd herzustellen, sondern standen einfach nur so beieinander, redeten und schauten hinaus auf die Straße, als warteten sie hoffnungslos darauf, dass dort etwas passierte. Der Gestank war hier viel schlimmer als alles, was die beiden Kinder bisher erlebt hatten. Es war der Gestank von Traurigkeit und Verzweiflung. Die Menschen hier sahen anders aus. Einige blasse Gesichter waren in der Masse der gebrochenen Menschen zu sehen, und Sky Lynx und Flint Otter erkannten sogar Menschen, die sie für Angehörige ihres eigenen Volkes hielten. Die Unterschiede im Aussehen der Menschen hier verwirrten die Kinder. Es handelte sich nicht um einen einzigen Stamm, sondern um eine Mischung aus vielen verschiedenen Stämmen. Menschen mit dunkler Haut und kurzem krausen Haar und andere, die schwarzes Haar und gelbe Haut hatten. Eine gebeugte alte Frau, die blaue Augen und dunkelbraune Haut hatte, kam an ihnen vorbei. Sie schob einen Wagen voller Lumpen und Kisten vor sich her. Hier, in diesem traurigen Teil ihres Tals, schienen alle Stämme verbunden zu sein, verbunden durch ihr geteiltes Schicksal.

Bald darauf hörten auch diese Häuser auf und die Umgebung war nun gezeichnet von Staub und einem verrückten Wirrwarr aus gigantischen bunten Armen, an denen lange schwarze Seile hingen, die große Kisten in die Luft hoben. Die drei Reisenden hatten den Fluss erreicht. Kanus in unvorstellbaren Größen lagen an seinem Ufer und wurden mit Kisten so groß wie Häuser beladen. Erneut erfüllte Angst die Herzen der Kinder, aber sie erinnerten sich an Xchahls Ratschlag, dass sie wie er sein und sich alles, was sie sahen, einprägen sollten, damit sie es zuhause erzählen konnten. Die Kinder fühlten die Kraft und Wärme des mächtigen schwarzen Pferdes unter sich und bei aller Angst, die sie zu vereinnahmen drohte, fanden sie Trost. Es war sehr geschäftig hier und der Lärm war so laut, wie sie es sich nie hätten vorstellen können. Männer schrien einander zu, aufzupassen und sich vorzusehen, gerade so als befänden sie sich inmitten eines Schlachtfeldes. Gejammer, Krachen, Donnern und Pfeifen als sei der Wind verrückt geworden und in einen wütenden Sturm übergegangen. Entlang vieler Krümmungen beobachteten sie dieses scheinbar endlose Spektakel. Trotz allem konnten die jungen Jäger noch den natürlichen Verlauf ihres Flusses wiedererkennen und sie wussten, dass die Stelle, an der ihr Dorf stehen sollte, nicht mehr weit entfernt war.

Xchahls hielt vor einem hohen Zaun aus gewobenem Draht an, der ein riesiges weißes Gebäude umgab, das über und über mit feinem Staub bedeckt war. Dieser Bau glich nicht den Häusern, in denen die Menschen wohnten, denn es ragten überall hohe Rohre heraus. Weißer Rauch stieg in dicken Wolken aus der obersten Röhre auf.

„Die Neuankömmlinge nennen so eine Anlage eine Zementfabrik. Hier zerkleinern sie die Steine von den umliegenden Bergen, verbrennen sie, vermischen den Steinstaub mit Kieselsteinen und Wasser und stellen daraus einen flüssigen Stein her, der, sobald er trocknet, wieder zu hartem Stein wird. Die Stadt, durch die wir eben gelaufen sind, ist zum größten Teil aus Beton gebaut und diese Zementfabrik befindet sich an der Stelle, an der einst euer Dorf stand."

Die Kinder waren schockiert und betrachteten zutiefst bekümmert, was aus ihrer Heimat geworden war. Beide vergossen stille Tränen der Trauer. Von Xchahls breitem Rücken aus konnten sie nun sehen, wie unter der Straße, auf der sie standen, aus einem Rohr, so dick, dass ein Mann darin hätte stehen können, ein weißer ekliger Matsch in den Fluss abgeleitet wurde. Mit seinem hellen Schlick verfärbte er ihn bis weit flussabwärts.

„Wo sind unsere Familien? Was ist mit unserem Zuhause geschehen?", schluchzte Sky Lynx.

„Vor vielen Generationen hat man sie dazu gezwungen, in das Flachland flussaufwärts umzusiedeln. Einige eurer künftigen Verwandten leben noch heute dort", antwortete Xchahls.

„Aber dort gibt es nichts außer Moskitos und Sumpfland und im Frühjahr ist es stets überflutet. Niemand kann dort wohnen", sagte Flint Otter.

„Die Stadt hat auf ihrer Seite des Sumpfes einen Deich gebaut und das ist alles, was darauf hinweist, dass euer Volk dort unten lebt. Am besten gehen wir nicht dorthin und schauen uns an, was aus euren Stammesangehörigen geworden ist. Überhaupt bin ich der Meinung, dass ihr beiden in dieser Traumreise genug gesehen habt. Auf dem Schild dort oben auf dem Deich steht geschrieben: First Nations Reservatsland, aber ich fühle, dass es jetzt besser ist, in eure Zeit zurückzukehren, damit ihr nach dieser anstrengenden Reise Frieden finden könnt. Ihr habt alles, was nötig ist, erlebt, um es nun an eure Ältesten weiterzugeben", sagte Xchahls.

Das schwarze Pferd wandte sich erneut der Stadt zu und sagte zu den Kindern: „Haltet euch gut fest, denn es wird ein wilder Ritt werden!"

Sky Lynx steckte ihr Hasenfell in ihr ledernes Hemd und klammerte sich mit den Fingern an Xchahls dicker Mähne fest. Flint Otter brachte sein Windrad zwischen ihnen in Sicherheit und hielt seine Freundin so fest er konnte. Der mächtige Hengst machte einen kraftvollen Sprung nach vorn, und beinahe wären die beiden tapferen Jugendlichen von seinem Rücken gerissen worden. Das wunderbare schwarze Wesen rannte so schnell, dass die neue Welt nur mehr verschwommen an ihnen vorbeisauste. Sein Hufschlag echote von den Gebäudewänden, und obwohl sie wussten, dass niemand sie sehen konnte, schienen doch alle Menschen der Stadt das Donnern zu vernehmen, denn ein jeder blickte auf, als wollte er nachsehen, woher das Geräusch kam. Der Wind wehte ihr Haar zurück, und als sie sich nach beiden Seiten umsahen, erkannten sie, dass sie an allen Menschen und Situationen, die ihnen bereits begegnet waren, erneut vorbeikamen. Diesmal jedoch wie im Rücklauf. Mittlerweile waren sie in so großer Geschwindigkeit unterwegs, dass beide Kinder ihre Gesichter nach unten pressen mussten und ihre Augen geschlossen hielten, in der Hoffnung, auf diese

Weise auf Xchahls sitzenzubleiben und nicht hinuntergeworfen zu werden. Der starke Wind schrie direkt neben ihren Ohren und die Kinder wussten nicht, wie lange sie sich noch würden festhalten können.

Von einem Augenblick zum anderen wurde es wieder ganz still und Sky Lynx öffnete die Augen, um zu sehen, wohin Xchahls sie diesmal gebracht hatte. Sie waren zurück am Waldrand, dort, wo sie den weißen Hasen am Morgen zuerst gesehen und ihre Jagd begonnen hatten. Flint Otter hielt sie noch immer sehr fest um die Taille und sie rief ihm zu, seinen Griff zu lockern, damit sie atmen konnte. Sie löste ihre verkrampften Hände aus der Mähne des Hengstes, und beide sprangen sie von seinem hohen Rücken. Es fühlte sich so gut an, wieder festen Boden unter den Füßen zu haben. Im Westen konnte man ihr Dorf sehen – die Sonne ging gerade unter.

Hätte das riesige schwarze Pferd nicht immer noch laut schnaubend an ihrer Seite gestanden, sie hätten ihren Ausflug als schlimmen Alptraum abgetan. Doch Sky Lynx sah, wie der Wind das Windrad in Flint Otters Hand dazu brachte, sich zu drehen. Und da wusste sie, dass alles an diesem Tag sich genau so zugetragen hatte. Sie grub in ihrem Hemd und zog ihre wunderbare Trophäe heraus. Gänsehaut überkam sie. Die beiden jungen Jäger blickten zu Xchahls auf und sagten in ihrer eigenen Sprache und aus tiefstem Herzen: „Hei Chicka. – Wir danken dir, mächtiger Verwandler, für alles, was du uns gegeben hast", fügte Sky Lynx hinzu und sah das glänzende schwarze Pferd an.

„Es war mir eine große Ehre, euch beiden all das zu zeigen. Benutzt euer Wissen weise und helft eurem Stamm durch die

Zeiten, die vor euch liegen. Bleibt mutige Jäger und vergesst nie, was ihr heute gemeinsam mit mir erlebt habt. Bewahrt eure Trophäen an einem sicheren Ort auf, denn sie sind der Beweis für euer Abenteuer. Dein größter Schatz, tapfere Sky Lynx, sind der Tanz und das Lied; beides hast du gelernt. Du wirst dich immer an sie erinnern können, wenn du die beiden am dringendsten brauchst. Nehmt euch vor den Dingen in Acht, die die Neuankömmlinge mitbringen werden. Einige ihrer Werkzeuge werden euch von Nutzen sein, während andere zu eurer völligen Versklavung führen werden. Wählt weise, und wenn die Zeit kommt, geht in die Berge, wo eure Vorfahren noch immer frei leben. Dort werdet ihr mich finden, wie ich das Steinlied singe, und dort werdet ihr meinen Hufschlag fühlen, der den Rhythmus des Lebens schlägt", erwiderte Xchahls.

Das mächtige Pferd wandte sich um und schritt langsam in den abendlichen Schatten des tiefgrünen Waldes. In einiger Entfernung drehte es sich ein letztes Mal zu ihnen um. Eine wirbelnde Staubwolke erschien im Dämmerlicht vor ihren Augen, und das Pferd wurde wieder zu dem riesigen Fels, den die Kinder von hoch oben auf dem Berg kannten.

„Es hat den Anschein, als läge er seit Anbeginn der Zeit dort", dachten die beiden Jugendlichen.

Flint Otter wollte gerade auf den Fels zugehen, um Xchahls ein letztes Mal zu berühren, als sie die Stimmen ihrer Eltern hörten, die vom Dorf her nach ihnen riefen. Sky Lynx zog ihren Freund vom Waldesrand fort und sagte: „Es ist an der Zeit, diesen Tag zu beenden. Wir müssen unsere Geschichte erzählen, um unsere Familien vor dem zu warnen, was kommt."

Die beiden machten sich auf den Weg zum Dorf und konnten schon bald ihre Brüder und Schwestern im goldenen Licht der untergehenden Sonne auf sich zulaufen sehen. Sky Lynx´ Vater kam zu ihr, legte seine Hand fest auf ihre Schulter und fragte: „Wie ist es dir heute auf der Jagd ergangen, meine Tochter? Eben hörten wir den Hufschlag eines mächtigen Pferdes durch unser Dorf donnern. Deshalb sind wir alle gekommen um nachzusehen, ob es dir und Flint Otter gutgeht. Waren euch die Geister heute gnädig?"

Sky Lynx und Flint Otter lächelten nur und hielten ihre Trophäen hoch, so dass die anderen sie sehen konnten. Das Reden verstummte. Ein jeder bewunderte das glänzend weiße Hasenfell und das sich drehende Medizinrad. Jeder der Anwesenden wusste nun, dass die jungen Jäger etwas Besonderes erlebt haben mussten.

Die erfolgreiche junge Jägerin bat ihre jüngere Schwester, zum Dorf vorauszueilen und den Ältesten zu sagen, dass sie und Flint Otter auf dem Nachhauseweg waren und ihnen eine großartige Geschichte zu erzählen hätten. Ihre kleine Schwester rannte sogleich davon, um Sky Lynx´ Botschaft zu überbringen.

Als die Gruppe das Dorf schließlich erreichte, waren die Abendfeuer bereits entzündet. Sky Lynx´ Urgroßmutter nahm das Mädchen an der Hand und führte sie zum Hauptfeuer des Dorfes. Die Dorfbewohner nahmen ihre Plätze am Feuer ein und warteten gespannt darauf, dass Sky Lynx zu erzählen begann. Alle hatten den donnernden Hufschlag kurz vor Sonnenuntergang gehört und hofften nun auf eine spannende Geschichte.

Sky Lynx und Flint Otter saßen bei ihren Familien und die

beiden Kinder ließen ihre Trophäen im Kreis herumgehen, damit alle sie betrachten konnten. Einige der erfahrenen Jäger erkannten sofort, dass es sich bei dem Fell um etwas Magisches handeln musste, denn es gab keinerlei Anzeichen von einem Einschnitt, und alle waren beglückt und erstaunt, das Medizinrad zu sehen.

Als die Trophäen wieder zurück bei den Kindern waren, erhoben die jungen Jäger sich und reichten die Trophäen an Sky Lynx´ Urgroßmutter. Sie war die Dorfälteste und die weiseste aller Ältesten, und es war uralte Sitte, besonders kostbare Gegenstände, die in den Besitz des Stammes gelangt waren, auf diese Weise darzubieten.

Urgroßmutter legte beide Schätze in ihren Schoß und deutete den Kindern, sich wieder zu setzen. Dann forderte sie Sky Lynx auf: „Erzähl uns von eurem Abenteuer."

„Zuerst ist es mir aufgetragen worden, allen Anwesenden Grüße von Xchahls, dem mächtigen Verwandler, zu überbringen", sagte Sky Lynx.

Ein anerkennendes Raunen war am Lagerfeuer zu hören.

Es dauerte die halbe Nacht, bis Sky Lynx und Flint Otter unter funkelnden Sternen am Ende ihrer Erzählung über das großartige Abenteuer angelangt waren. Während sie den Anfang der Geschichte erzählten, von der Jagd auf den Hasen, der so schwer zu fangen gewesen war, waren manche Lobesrufe zu hören. Aber als die Geschichte in die Zukunft führte und sie erzählten, was sie alle dort erwartete, war nicht ein einziges Wort mehr zu hören. Die beiden jungen Jäger ließen keine noch so kleine Einzelheit aus, und als sie ihren Bericht endeten, klammerten sich viele Kinder eng an ihre Mütter, und die Jäger starrten grimmig in die Flammen.

Alle saßen schweigend da. Nur das Knacken des Feuers war in der kühlen Nacht zu hören.

Urgroßmutter wandte sich mit ihrer alten demütigen Stimme an die Anwesenden. „Xchahls hat uns alle gesegnet. Und Dank des Mutes dieser beiden jungen Jäger haben wir eine Warnung erhalten, die uns helfen kann, mit dem umzugehen, was einen jeden von uns hier erwartet. Behaltet ihre Geschichte genauestens im Gedächtnis. Für den nächsten Neumond werden wir dann eine Zeremonie vorbereiten, um Xchahls zu uns zu rufen, auf dass er sein Volk auf dem schwierigen Weg, der vor uns liegt, führen mag.“ Sie wandte sich nun an Sky Lynx´ Vater, ihren Enkel, und sagte: „Du bist der beste Holzschnitzer unter uns. Ehe der nächste Neumond eintrifft, fertige zu Ehren Xchahls eine Kiste aus Zedernholz. In diese Kiste lege die beiden Trophäen; sie sollen aufbewahrt werden, damit die nachfolgenden Generationen wissen, dass das, was in dieser klaren Sommernacht gesprochen wurde, wahr ist. Doch jetzt, meine Kinder, geht und ruht euch aus. Morgen werden wir sehen, was die Ahnen uns für ein Zeichen schicken“, endete sie.

Die Menschen erhoben sich schweigend, verließen den Feuerplatz und begaben sich geräuschlos zu ihren Behausungen. Sky Lynx verabschiedete sich mit erhobener Hand von Flint Otter. Es war für alle ein sehr langer und ermüdender Tag gewesen. Sky Lynx ging nun gemeinsam mit ihrer Mutter und Schwester zu dem Haus, in dem ihre Familie wohnte. Nur ihr Vater blieb als einziger am Feuer zurück und blickte noch lange in die Glut. Sobald sie zuhause angekommen war, warf Sky Lynx sich neben ihrer Schwester auf den Schlafplatz, zog die Felle über sich und fiel in einen tiefen, traumlosen Schlaf. „Ein Augenblick des Friedens, bevor der Sturm losbricht“, war ihr letzter Gedanke, ehe sie einschlief.

Ihre Augen wollten sich nicht wirklich öffnen, aber die Geräusche des erwachenden Dorfes brachten Sky Lynx am nächsten Morgen in ihre Welt zurück. Sie war so erleichtert, dass sie nicht in der Welt aufgewacht war, durch die sie tags zuvor mit Flint Otter und Xchahls gereist war, und war glücklich wieder bei ihrer Familie zu sein. Sie fühlte ihre kleine Schwester, die noch immer neben ihr lag, konnte aber ihre Eltern nirgendwo entdecken. Während Sky Lynx langsam aufstand und nach ihrer ledernen Kleidung suchte, um den neuen Tag zu beginnen, erinnerte sie sich an all das, was sich am vergangenen Tag ereignet hatte.

Draußen rief Flint Otter nun aufgeregt nach ihr und forderte sie auf, zu ihm zu kommen. „Was ist jetzt los?“, dachte sie. Schnell rannte sie nach draußen, wo sie von Flint Otter begrüßt wurde, der wild in Richtung Fluss deutete.

„Kanus kommen den Fluss hinab!“, rief er. „Merkwürdige Kanus, wie wir sie nie zuvor gesehen haben!“ Er schnappte nach Luft und blickte Sky Lynx tief in die Augen. Gemeinsam rannten sie so schnell ihre Füße sie trugen zum Flussufer hinunter. Dort war das ganze Dorf versammelt. Sky Lynx und Flint Otter sahen ihre Eltern beieinanderstehen und angestrengt flussaufwärts blicken, von wo aus eine Schlange großer weißer Kanus auf ihr Dorf zukam.

Die Boote waren zu weit entfernt um zu sehen, wer darin saß, aber jeder wusste, wie die Kanus der benachbarten Stämme aussahen, und niemand hatte jemals weiße Kanus gesehen.

Alle Anwesenden erinnerten sich nur zu gut an die Worte

von Urgroßmutter: „Wir werden sehen, was uns die Ahnen schicken werden."

Es war ein schöner Sommermorgen. Die seewärtigen Winde wehten bereits heftig von den östlichen Bergen hinaus zum westlichen Meer, und die Kanus näherten sich schnell. Die aufgehende Sonne erschien hinter den sich nähernden Fremden, und Sky Lynx´ scharfe Augen konnten bereits jetzt erspähen, dass nicht alle Männer in den Booten schwarze Haare wie sie hatten. Einige von ihnen hatten gelbes und manche sogar orange-rotes Haar. Sky Lynx´ Herz schien stillzustehen. Erst gestern hatte sie von Xchahls die Warnung erhalten vor dem, was kommen würde, und bereits heute tauchten die Neuankömmlinge auf. Die Menschen am Strand standen wie erstarrt da und warteten still auf die Ankunft der Kanus.

Selbst als die Kanus bereits anlegten und auf den sandigen Boden des Ufers auffuhren, bewegte sich niemand. Viele der Dorfbewohner bemerkten, dass die Kanus aus Birkenrinde gefertigt und mit Teer versiegelt waren. Dies erklärte, warum die Boote so weiß waren.

Aus dem ersten Kanu sprang nun ein Mann, der aus einem Dorf etwa zwei Tagesreisen stromaufwärts stammte. Urgroßmutter erkannte in ihm einen der Enkelsöhne ihrer Schwester und trat vor, um ihn zu begrüßen. In dem Gürtel des Mannes steckte ein langes glänzendes Messer, wie es niemand zuvor gesehen hatte. Sky Lynx und Flint Otter erkannten das glänzende Metall jedoch aus der Welt, die sie tags zuvor gesehen hatten.

Der Mann erwies Urgroßmutter seinen Respekt und stellte dann die anderen Männer vor, die noch immer in den Kanus saßen, die hinter ihm angelegt hatten. Der Verwandte von stromaufwärts erklärte, dass er die Sprache der Fremden nicht verstand, aber dass sie einen Mann bei sich hatten, der die Sprache der Grasland-Völker, die weit östlich der Berge lebten, sprach. Von diesem Mann hatte der Verwandte erfahren, dass die Bleichgesichter in den Kanus ihre Reise vor vielen Wintern weit im Osten begonnen hatten, und dass sie in Frieden kamen.

Urgroßmutters Neffe wandte sich nun in der Sprache des Büffel-Volkes an einen der Männer in den Kanus. Der wiederum sprach zu dem Mann mit dem gelben Haar. Sobald er geendet hatte, stand der Mann mit dem gelben Haar auf und kam ans Ufer, wo er Urgroßmutter seine offene Hand entgegenstreckte.

Die weise Älteste war bisher nie auf eine solche Art und Weise angesprochen worden, und viele Männer des Dorfes traten vor, um sie zu beschützen. Die Männer in den Kanus wurden nervös und suchten nach ihren Waffen.

Der bleichgesichtige Mann trat sofort einen Schritt zurück und zeigte den Männern, die sich um Urgroßmutter versammelt hatten, seine erhobenen Hände. Er versuchte damit zum Ausdruck zu bringen, dass er keine bösen Absichten hatte. Gleichzeitig wandte er sich an seinen Übersetzer und sagte etwas, das Sky Lynx und Flint Otter als die Sprache wiedererkannten, die sie auf ihrer magischen Reise gehört hatten.

Der Dolmetscher sprach nun mit Urgroßmutters Neffen, der ihnen dann übersetzte, dass die Männer lediglich vorhatten, solange weiter flussabwärts zu paddeln, bis sie das große Wasser erreichten, und dass sie keine bösen Absichten hatten. Um ihre Dankbarkeit auszudrücken, wollten die Männer ein

Geschenk überreichen, bevor sie ihre Reise fortsetzten. Ein anderer Mann, diesmal mit flammenrotem Haar, nahm etwas aus einer großen Holzkiste und reichte es dem Neffen.

„Es ist in einen roten Stoff gewickelt, der aussieht wie ein Stück von einer sehr fein gearbeiteten Decke", dachte Sky Lynx.

Der Neffe überreichte das Geschenk an Urgroßmutter, die es, ohne es zu öffnen, an ihren Enkel, Sky Lynx´ Vater, weitergab. Alle streckten den Hals, um zu sehen, was sich in dem roten Stoffstück befand. Sky Lynx´ Vater öffnete den Stoff vorsichtig. Es kam das gleiche silbern glänzende Messer zum Vorschein, wie es auch am Gürtel von Urgroßmutters Neffen hing. Sky Lynx´ Vater nahm das Messer in die Hand und bewunderte seinen Glanz und seine Klingenlänge. Dann schaute er auf das kurze schwarze Messer aus Obsidian, das an seinem Gürtel hing, und erinnerte sich an die Geschichte, die seine Tochter ihnen in der vergangenen Nacht erzählt hatte. Schließlich reichte er das Messer und den roten Stoff an Sky Lynx weiter.

„Es gehört ihr", sagte er. „Und wir alle wünschen den Fremden eine sichere Reise zum Meer. Geht in Frieden."

Der Neffe sprach zu den Männern in den Kanus. Dann stiegen er und der Mann mit den gelben Haaren wieder ein, und schon bald waren alle vier Kanus hinter der nächsten Flussbiegung verschwunden.

Sollte einer der Dorfbewohner in der vergangenen Nacht an der Geschichte über Xchahls Warnung gezweifelt haben, so spürten sie die Wahrheit nun voller Spannung am eigenen Leib.

„Was machen wir jetzt?", fragten einige verängstigt.

„Es scheint, als seien wir die einzigen, die gewarnt wurden, ansonsten wäre Urgroßmutters Neffe aus dem Dorf stromaufwärts nie so gelassen mit den Neuankömmlingen umgegangen“, meinte eine junge Mutter.

„Hört mich an“, sagte Urgroßmutter. „Ich habe euch diese Geschichte nicht erzählt. Es waren diese beiden jungen Jäger. Sie waren es, die den Segen von dem Großen Verwandler erhalten haben. Hört, was sie euch zu sagen haben und dann werdet ihr wissen, was zu tun ist.“

Alle Anwesenden drehten sich erwartungsvoll zu Sky Lynx und Flint Otter um. Sky Lynx, das glänzende Messer – und somit auch seine beängstigende Wirklichkeit – noch immer in der Hand haltend, wiederholte die Worte, die Xchahls zu ihr gesprochen hatte.

„Nehmt euch vor den Dingen in Acht, die die Neuankömmlinge mitbringen werden. Einige ihrer Werkzeuge werden euch von Nutzen sein, während andere zu eurer völligen Versklavung führen werden. Wählt weise, und wenn die Zeit kommt, geht in die Berge, wo eure Vorfahren noch immer frei leben. Dort werdet ihr mich finden, wie ich das Steinlied singe, und dort werdet ihr meinen Hufschlag fühlen, der den Rhythmus des Lebens schlägt.“

DIE SCHAMANIN VIER FEDERN

Adler segelte zufrieden hoch über den Bergspitzen. Er spürte kein Verlangen, zum Talboden hinabzugleiten. Die warmen Aufwinde von unten hielten ihn inmitten von hauchdünnen Wolken und blauem Himmel in der Luft, ohne dass es eines Flügelschlags bedurft hätte. Zwar erspähten seine goldenen Augen eine Kolonie von Präriehunden, die weit unter ihm geschäftig umherhuschten, doch die Freude am Fliegen war größer als sein Verlangen nach einer Jagd. Es war zu herrlich, sich mit den Luftströmungen hoch über der Welt zu drehen; sein Appetit auf einen Leckerbissen würde warten müssen. Davon abgesehen konnte er von hier oben bis ans Ende der Schöpfung sehen – sobald er aber sein Reich verließ und in die unteren Regionen der Existenz eintauchte, würde sich diese Fähigkeit, unendlich weit zu sehen, ebenso verlieren wie seine magischen Kräfte.

Adler versuchte nun ganz bewusst, den schmackhaften kleinen Nagetieren, die um seine Aufmerksamkeit geradezu bettelten, keine Beachtung zu schenken. Er wandte seinen Blick zum fernen Horizont. Dort erspähte er einen schmalen Streifen von grauem Rauch, der von der ärmlichen Siedlung der Menschen aufstieg. Ihr Lager befand sich neben dem Allmächtigen Fluss, der die Grenze zwischen den Welten bildete. Adler wusste, dass die Menschen erst vor Kurzem von der anderen Seite des Verehrten Stromes gekommen waren und bisher nichts als großes Leid und Verzweiflung in ihrer neuen Welt erfahren hatten. Sie saßen zusammengekauert an seinen uralten Ufern, voller Angst, zitternd und hungrig, und wagten es nicht, sich von dort zu entfernen. Die Menschen waren wie neugeborene Hasenjungen, die keine Eltern hatten, die sie großzogen und ihnen zeigten, wo es langging. Derart ohne Führung waren sie dem Untergang geweiht.

Adlers Schwester Rabe hatte solches Mitleid mit ihnen, dass sie die magische Feuerblume von den drei urzeitlichen Schwestern gestohlen und sie den Menschen hingeworfen hatte, damit ihnen wenigstens warm blieb und sie ihr Essen kochen konnten. Bruder Bär hatte ihnen gezeigt, wie man eine Höhle in der Erde baute und sich vor den stürmischen Winden des Winters schützte. Schwester Kojote versuchte noch immer, ihnen die Tricks einer guten Jagd beizubringen, aber sie hatte nicht viel Erfolg damit. Vielleicht konnte Adler vorbeifliegen und aus der Entfernung nachsehen, was sie heute plagte. Auch er hatte Mitleid mit den Menschen in der Siedlung und er erinnerte sich, wie gut es war, einem Nachbarn in Not hilfreich zur Seite zu stehen.

Lange bevor er in die Nähe ihres Lagers kam, hörte er, wie jemand seinen Namen rief und ihm zu Ehren ein Gebet sprach. Wie seltsam, dass einer der Neuankömmlinge von weiter unten am Fluss hier oben in den Bergen war und ihn rief. Der Ruf kam aus einer Höhle genau unter ihm. Sie war ein ganzes Stück vom Flussufer entfernt, wo die Menschen lebten. Wie kam es, dass einer von ihnen wusste, wie man auf die heilige Art betete? Adler war sich sicher, dass dort unten ein Abenteuer auf ihn wartete.

Wie er neue und rätselhafte Begebenheiten liebte! Sein Interesse war geweckt. Adler schwang sich tiefer und flog zurück in Richtung Höhle, um zu sehen, wer da möglicherweise versuchte, mit ihm in Verbindung zu treten.

Der-mit-den-weiten-Schwingen landete in einer riesigen Lärche, die sich gegenüber der Höhle befand, um zu sehen, wer sich dort aufhielt. In der Nähe des Einganges saß eine wunderschöne junge Frau. Um ihre Schultern war eine buntgewebte Decke geschlungen. Sie sang ein feines und bezauberndes Lied, das an ihn gerichtet war. Vor ihr auf dem Boden befand sich eine kleine Schale aus Abalone-Muschel, in die sie eine Mischung aus Kräutern und Wurzeln gelegt hatte: eine Gabe aus Rauch zu seinen Ehren. Ein sehr ängstlich aussehendes Eichhörnchen spähte hinter der jungen Frau hervor. Adler hatte den Eindruck, das Eichhörnchen befürchtete, er wolle ihn als Mittagessen verspeisen. Das war natürlich nicht der Fall. Aber Eichhörnchen erstarrten oft vor Schreck, wenn der Schatten eines großen Vogels über ihnen hinwegflog, und dieser kleine Kerl war nicht daran gewöhnt, einen Raubvogel zu Gast zu haben.

Was er sah und hörte, berührte Adler sehr, und zum Dank für den wunderschönen Gesang der Frau stieß er einen Schrei der Anerkennung aus. Erst in diesem Augenblick öffnete die Frau die Augen und während sie sich langsam aus ihrer Trance löste, erkannte sie den Weltenbeobachter in dem Baum gegenüber von ihr.

„Was kann ich für dich tun?", lautete ihre Antwort auf seinen Ruf. Sie war voller Ehrfurcht und zugleich glücklich, dass Adler auf ihre Zeremonie antwortete.

Adler aber war erstaunt, dass die junge Frau die Bräuche seiner Welt kannte und ihm wurde klar, dass sie anders war, als die übrigen Menschen, die am Ufer des nie versiegenden Geister-Flusses wohnten.

„Bitte sage mir, wie du heißt, und erzähle mir, wie du hierher gekommen bist. Warum lebst du getrennt von den anderen Menschen und warum weißt du, wie man uns ruft?", fragte der Scharfsichtige Seher Aller Dinge.

„Mein Name ist Yetahl und bedeutet Reisende Mutter. Ich komme aus einem Land weit im Süden. Ich bin in einer Höhle in der Nähe meines Zuhauses eingeschlafen und hier in dieser Welt und in dieser Höhle aufgewacht. Ich bin nicht mit denen gekommen, die den Fluss überquert haben. Ich habe viele Winter ganz allein hier verbracht und darauf gewartet, endlich zu erfahren, warum ich zu diesem Ort und in diese Zeit geschickt worden bin. Als ich mein Zuhause verließ, war ich auf dem Weg, kranken Verwandten im nächsten Tal zu helfen. Ich hatte Zuckermais, Kartoffeln, Zwiebeln, einige Heilkräuter sowie meine Trommel und meine Rassel bei mir. In meiner Welt hatte ich einen Namen als Heilerin. Während ich unterwegs war, kam ein gewaltiges Gewitter auf. Ich war gezwungen, Schutz zu suchen und betrat eine Höhle. Ich war sehr überrascht sie zu finden, denn ich kannte den Weg in- und auswendig und hatte sie nie zuvor dort gesehen. Das Seltsamste jedoch ist, dass ich, als ich zuhause in der Höhle einschlief, eine alte Großmutter war, die viele Kinder hatte. Doch als ich hier aufwachte, war ich fünfzig Jahre jünger. Es ist gerade so, als hätte man meinem Leben eine zweite Chance gegeben und mich frisch beginnen lassen. Seit meiner Ankunft hier ist Eichhörnchen mein einziger Gefährte."

Bei diesen Worten hastete Eichhörnchen hinter Yetahls Rucken hervor und vergrub sich in ihrem Schoß tief in den Falten ihrer Decke. Eichhörnchen fühlte sich nun etwas mutiger und warf Adler einen kurzen finsteren Blick zu.

„Eichhörnchen lebte bereits hier, als ich ankam, und lagerte seinen Wintervorrat aus Samen und Nüssen sicher in dieser Höhle", fuhr Yetahl fort. „Er war derjenige, der mir davon erzählte, dass die Menschen den Fluss überquert hatten. Er erzählte mir auch von dir und deinem Rang in dieser Welt und ich wusste, dass ich dich um Hilfe anflehen musste."

Als Eichhörnchen diese lobenden Worte hörte, kam er ein wenig zwischen den Falten der Decke hervor und sah Yetahl stolz an. Dann blickte er flüchtig zu Adler hinüber und sank zurück in die schützenden Falten der gewebten Decke.

„Ich bin zusammen mit Eichhörnchen losgezogen, um die Neuankömmlinge zu treffen. Ich war glücklich, nicht mehr allein zu sein. Aber sie haben mich mit Steinen beworfen und fortgejagt. Ich versuchte mit ihnen zu sprechen und verstand sogar ein wenig ihre Sprache. Doch sie zeigten auf meine Trommel und meine Rassel und nannten mich Hexe und Zauberin. Sie sagten mir, ich solle dorthin zurückkehren, von wo ich gekommen sei und sie in Ruhe lassen. Mir haben die Menschen leid getan, denn sie hatten kaum Kleidung an und waren offensichtlich am Verhungern. Ich habe einen großen Vorrat an Lebensmitteln in meiner Höhle und weiß von zuhause, wie man webt. Ich habe mir einen Webrahmen aus dem Holz gebaut, das ich im Wald gesammelt habe, und wunderbar warme Decken aus der Wolle der Schafe gewebt, die hier in den Bergen leben. Ich habe viele Decken gefertigt, seit ich hier bin. Dort, wo ich herstamme, ist es der ganze Stolz einer jeden Frau, aus der Vielfalt dessen, was uns die Natur bietet, alles selbst herstellen zu können. Seit Jahren habe ich Kartoffeln, Zuckermais und Zwiebeln angebaut und habe einen großen Überschuss. Ich habe gejagt, Fallen gestellt und alles, was ich brauchte, aber nicht anbauen konnte, im Wald gesammelt. Von Eichhörnchen lernte ich, alles richtig zu lagern, so dass es mir während der eisigen Kälte des Winters an nichts fehlte. All dieses Wissen wollte ich mit den Ankömmlingen drüben teilen und ihnen zeigen, wie sie auf eigenen Füßen stehen können. Aber ich erlebte dort nur Niedertracht und Angst."

„Bemerkenswert!", rief Adler. „Vielleicht hat es etwas Bestimmtes zu bedeuten, dass du so weit gereist bist, Reisende Mutter. Wie kann es sein, dass du ihre Sprache verstehst, während die meisten Menschen durch die vielen Sprachen, die sie sprechen, ganz verwirrt sind. Zumal du doch aus einer anderen Zeit und von einem weitentfernten Ort kommst?"

„Ich habe mich das Gleiche gefragt", erwiderte Yetahl. „In meiner Heimat gibt es eine Legende, die davon erzählt, dass eine Gruppe unseres Volkes sich vor vielen Generationen von uns trennte und uns verließ. Sie hatten Angst vor unseren Trommeln und Rasseln und vor der Verantwortung, dem weisen Rat, der uns während einer Zeremonie gegeben wurde, zu folgen und ein gutes und einfaches Leben zu leben. Es gibt Gerüchte, die besagen, dass diese Gruppe weit in den Norden reiste. Aber niemand weiß es mit Sicherheit und man hat nie wieder etwas von ihnen gehört. Es heißt, dass sie unser Volk verließen, weil sie nicht zufrieden damit waren, ständig auf den Rat der Ältesten und der Ahnen zu hören. Die Weisen zuhause flüstern, dass Gier in ihren Herzen wohnte, und dass sie stets mehr als ihren fairen Anteil verlangten. Vielleicht sind die Menschen, die ich getroffen habe,

entfernte Verwandte von mir. Doch statt wie sie es sich anfangs vorgestellt hatten, mehr Besitztümer zu finden, verarmten sie auf ihrem nie endenden Treck und sie vergaßen die Segnungen der einfachen Dinge des Lebens. Sollten diese Überlegungen wahr sein, würde es erklären, warum ich ihre Sprache verstehen konnte. Und ich wäre eine ihrer Urahnen aus der Vorzeit. Sie aber scheinen all das vergessen zu haben, was den Menschen hilft, Frieden und Glück in ihren kurzen Leben zu finden."

Adler lächelte wissend, als er Yetahls Worte vernahm. „Was für eine wunderbare Geschichte du mir erzählt hast. Es kommt mir vor, als würde sich ein Regenbogen aus Gedanken und Möglichkeiten vor mir auftun. Es ist mir nun klar, dass du, Großmutter, nicht durch Zufall einige Winter hier bei uns verbracht und die Ankunft deiner Verwandten im Land auf der anderen Seite des Geheimen Flusses vorbereitet hast. Aus alldem wird sich mit Sicherheit ein spannendes Abenteuer entwickeln. Bitte höre, was ich zu sagen habe, gute Frau", sagte der Welten Wanderer aufgeregt. „Wie du sicher weißt, kann ein Wesen, das den Großen Fluss überquert hat, niemals wieder in die andere Welt zurückkehren. Auch seine Nachkommen können nie mehr zurück. Sie müssen ihre Leben hier vollenden. Die übertriebene und nie endende Suche deiner Verwandten nach größerem, materiellem Reichtum im Leben aber, hat sie in das genaue Gegenteil getrieben: Armut und Leere. Freilich muss ihnen zu Gute gehalten werden, dass sie, obwohl sie alles verloren haben und obwohl Verzweiflung in ihren Herzen und Hunger in ihren Bäuchen wohnt, dennoch den Mut gefunden haben, weiter zu gehen und in eine neue Welt überzuwechseln. Ein zufriedener Mensch würde einen solchen Schritt niemals wagen. Aber denen, die nichts mehr zu verlieren haben, bleibt keine andere Wahl. Wenn der Erfolg ausbleibt und alle zurückliegenden Brücken eingerissen sind. Diesen Mut, den sie in sich tragen, gilt es zu fördern, damit wir ihnen den Weg, der zu Erfüllung und Harmonie führt, weisen können. Deine rätselhafte Höhlenreise und die Verwandlung in eine junge Frau sind ein Segen, Yetahl. Als ich deine Gebete hörte, war ich selbst gerade im Begriff nachzusehen, was ich für deine Verwandten tun kann. Ich hatte zu dem Zeitpunkt keine Ahnung, was in ihrer Notlage die beste Lösung sein könnte, aber jetzt liegt, wie so oft, die Antwort näher als zunächst angenommen. Ich spüre nun, dass du und ich und dein kleiner behaarter Freund gemeinsam etwas tun können, um ihre Lage möglicherweise zu verbessern. Behutsam und mit ein bisschen Elan können wir ihnen behilflich sein, ihren ursprünglichen Wunsch zu verstehen. Denn obwohl er für sie nicht von unmittelbarem Nutzen war, hat er sie doch hierher geführt – zum richtigen Ort und zur richtigen Zeit."

Yetahl und Eichhörnchen sahen einander verwundert an und fragten sich, was Adler wohl vorhatte.

„Great One", sagte Yetahl sanft. „Ich habe versucht und möchte noch immer gern versuchen, ihnen zu helfen. Aber sie lehnen meine Anwesenheit aus Angst ab. Was kann ich noch tun, damit deine Worte Früchte tragen?"

„Genauso wie der Baum, der gegenüber der Höhle steht, unzählige Zweige hat, gibt es unendliche Möglichkeiten, das Problem deiner Verwandten zu lösen. Alle Zweige kommen am Stamm zusammen, der wiederum von Geheimnissen weiß, deren Ursprünge tief unter seinem Wurzelreich verborgen liegen. Diese magischen und heiligen Ahnenwurzeln, die kaum jemand sieht oder hört, werden uns zeigen, wie ihren uralten Weisheiten Folge geleistet werden kann", antwortete der Himmelsgebieter.

„Ich kenne mich mit Ästen, Stämmen und Wurzeln aus. Meine Familie und ich sind wahre Freunde der Bäume und nur wenige kennen die Geheimnisse, die wir vernehmen, während wir hier im unendlichen Wald von den Wurzeln bis zur Krone eines jeden Baumes flitzen", flüsterte Eichhörnchen.

Yetahl und Adler sahen ihn erstaunt an.

„Das sind die ersten Worte, die du von dir gegeben hast, seit Adler zu uns gekommen ist", stieß Yetahl aus.

„Nun ja, seinesgleichen", sagte Eichhörnchen und zeigte mit seiner kleinen Pfote auf den Gefiederten Jäger, „nimmt uns als Festmahl, und wir alle, die in der Erde wühlen oder auf ihr herumsausen, nehmen uns in ihrer Gegenwart in Acht."

„Aber wie Recht du hast, kleiner Bruder, wenn du sagst, dass du und deine Familie die Wanderer und Weisen der Bäume seid und sie am besten von allen kennt", rief Adler aus. „Hab heute und an keinem anderen Tag mehr Angst vor mir, denn du bist gesegnet, und weder ich noch irgendjemand sonst wird dir je wieder etwas zu Leide tun."

In diesem Augenblick und bevor einer von ihnen einen weiteren Gedanken fassen konnte, wuchs Adler zu einer gigantischen Größe an und schien plötzlich bis zum Himmel zu reichen. Er führte seine Schwingen mit einem ohrenbetäubenden Donnerschlag und einem blendend hellen Blitz zusammen. Yetahl und Eichhörnchen taumelten benommen zurück, sprachlos von der unermesslichen Kraft, die sie umgab. Die Zeit stand für einen Augenblick still; es schien, als vergingen Ewigkeiten, bevor die Dinge wieder in Bewegung kamen.

Yetahl kam nach und nach wieder zu Sinnen und sah den Donnernden Wandler wieder in der Lärche gegenüber ihrer Höhlenwohnung sitzen. Alles war wie vor der Explosion von Donner und Licht. Ein ruhiger und schöner Sommertag. Nicht alles. Jemand fehlte.

„Oh, wo nur ist mein treuer Gefährte Eichhörnchen?", dachte Yetahl. Doch bevor Gefühle der Trauer, Schuld oder Angst in ihrem Herzen aufkommen konnten, vernahm sie Schritte hinter sich in der Höhle.

„Ich bin von der Explosion umgestoßen worden. Was ist geschehen, Yetahl?", fragte Eichhörnchen.

„In der Tat, was ist geschehen?", murmelte Yetahl. Als Eichhörnchen in das Tageslicht am Eingang der Höhle trat, sah Yetahl, dass es nicht länger ihr kleiner Freund mit dem buschigen Schwanz war, der mit ihr sprach, sondern ein wunderschönes Kind.

„Sei gegrüßt, Eichhörnchen-Junge, und willkommen in unserer Welt der Wunder und Geheimnisse", grüßte Adler. „Wie ich schon sagte, bevor meine Schwingen ihren tosenden Zauber vollbracht haben, du bist gesegnet, und weder ich noch irgendjemand sonst wird dir je etwas antun oder sich dir gegenüber feindselig verhalten. Sei willkommen, Sprecher weiser Worte und Kenner versteckter Geheimnisse."

Eichhörnchen-Junge schaute auf seine Hände und hinunter zu seinen Füßen und wurde sich erst jetzt seiner neuen Gestalt bewusst. Erstaunt fuhr er mit seinen Fingern durch den langen schwarzen Schopf auf seinem Kopf. Doch der Rest seines Körpers war haarlos und er hatte sich nie so entblößt gefühlt.

Yetahl ging in die Höhle und kam kurz darauf mit ihrer besten Decke zurück, die sie über seine Schultern legte.

„Danke, Schicksalshäuptling“, sagte Eichhörnchen-Junge. „Aber warum? Ich war so glücklich in meinem früheren Dasein. Werde ich niemals wieder von Ast zu Ast springen, sondern für immer mit zwei Beinen auf dem Boden angekettet sein? Ist dies Teil deines Plans, den Menschen am Fluss zu helfen? Ein großes Opfer, nehme ich an, das den Unglücklichen, die unten gestrandet sind, helfen soll?“

„Ja, Eichhörnchen-Junge, genau das ist meine Absicht“, antwortete Adler. „Aber ich erschaffe den Traum ganz spontan von einem Augenblick zum nächsten und genieße jede Biegung und jede Wendung, die sich auftut. Bevor es die ersten Sterne oder den ersten Lebenshauch gab, war ich es, der sie erschaffen hat. Und ich war es, der mit seinem Donnerschlag-Lied eure geliebte Welt der Bäume gestaltet hat. Alles, was gedeiht, beruht auf meiner sich ständig verändernden Realität. Wir alle müssen Veränderung und Wandel akzeptieren, so auch ich. Wir haben aus dem Bericht von Reisender Mutter gelernt, wie viel Angst die Fremden vor allem haben, was mit Ritual oder Zauberei zu tun hat. In deiner neuen Gestalt als Erdenkind kannst du sie wie einer der ihren ansprechen. Du wurdest auserwählt, um nicht nur Eichhörnchens Waldworte zu plappern, sondern ab sofort auch die Sprache der Fremden zu beherrschen. Aus tiefstem Herzen vermagst du diesen verlorenen Seelen nun von den Erinnerungen und Wahrheiten zu erzählen, die du auf deinen Reisen zwischen Ast und Wurzel gehört hast. Opfer sagst du? Vielleicht eher eine versteckte Segnung! Es gibt eine Zeremonie, die es abzuhalten gilt, ehe wir vor die Menschen am Fluss der Gnade treten können“, wünschte sich die Geflügelte Quelle der Weisheit. Für eine Sekunde blitzten seine Augen in dem hellen Glanz von leuchtendem Saphirblau. Adler verschwand zwischen dem überwältigenden Geräusch von Brandung, die auf den Strand aufläuft, und einem Sprühregen aus Meerwasser, von seinem luftigen Sitzplatz und erschien wie durch Zauberei in der Gestalt eines kraftvollen und gutaussehenden Mannes vor Yetahl und Eichhörnchen-Junge. Er war triefend nass, gerade so als sei er nicht einem Baum, sondern den unendlichen Wellen der salzigen See entstiegen.

„Ich bin Adler-Mann“, sagte er mit einem Lächeln, das zugleich Wärme und Autorität ausstrahlte. „Setzen wir uns, um zu beratschlagen, womit wir unsere Verwandten, die seit so langer Zeit demütig auf unsere Ankunft warten, beglücken können. Die dort unten würden auf das Energischste widersprechen, dass sie sich unser Kommen jemals gewünscht haben. Aber sie suchten nach Reichtum, und wahrer Reichtum ist was wir ihnen geben werden. Entzünde noch einmal das Feuer in deiner Abalone-Muschel mit den Kräutern und Wurzeln, junge Großmutter, damit wir die Botschaft über den Wohlstand unserer Vorfahren empfangen und verstehen können. Eichhörnchen-Junge, du einzigartiger Junge, setze dich zwischen Yetahl und mich und präge dir die Gegebenheiten unseres neuen Grenzlandes ein.

Ich habe vorhin davon gesprochen, dass es gilt, die letzte Tugend, die unsere Brüder noch besitzen, herauszufordern:

Aus Verzweiflung entstandener Mut. Sie überquerten die Verzauberte Kaskade in der Hoffnung, ihren Traum von Reichtum zu finden. Und es ist unser Schicksal, etwas frischen Wind in ihre verkrusteten und irregeleiteten Vorstellungen zu bringen und den Funken neuen Mutes zu entfachen. Jeder von uns hat eine Gabe, die sie vorwärts bringen kann. Yetahl, bevor du die verzauberte Höhle betreten hast, warst du als Großmutter Heilerin unterwegs, um den kranken Verwandten deines vorherigen Lebens zur Seite zu stehen. Du bist tatsächlich im Begriff, deine Aufgabe hier mit uns in unserem Tal zu erfüllen. Eichhörnchen-Junge, während du im Überschwang Nüsse und Samen sammeltest, hast du das Geflüster über all das, was vor unserer Zeit geschehen ist, und was in den Wurzeln und Tiefen unter dem Waldboden aufbewahrt wurde, mitgebracht. Und was am Wichtigsten ist, die Erinnerung an das Lachen von Kindern in einer glücklichen Welt; von Kindern, die umarmt werden von Eltern, die zufrieden sind mit einem einfachen Leben. Mein Beitrag ist es, die Plackerei der Arbeit und die Mühsal zu erleichtern, indem ab und zu ein wenig Veränderung das menschliche Dasein verzaubert.

Hier, gemeinsam in dieser kleinen Runde, können wir finden, was nötig ist, um die Welt zu verändern", fuhr Adler-Mann fort. „Wie alles Andere, das irgendwann aus dem Ungewissen aufgetaucht ist, muss es mit dem Grundlegenden beginnen. Zuerst müsst ihr wissen, dass, bevor ich Zauberei und Legenden kannte und lange bevor Gedanken sich bilden konnten, es allein die Kraft der Liebe gab. Kein Anfang und kein Ende. Ich wurde aus Liebe geboren und diese Liebe teile ich nun mit euch beiden."

Aus Adler-Manns Armen wuchs das eindrucksvollste Paar Schwingen, das man sich vorstellen konnte. Diese wunderbaren gefiederten Arme legten sich um sie alle und jeder von ihnen spürte das unbeschreibliche Feuer des ewigen Seins. Grenzenlose und allumfassende Schöpfung floss durch sie wie ein zeitloser Ozean.

Stille. Wer wagt das Unaussprechliche zu sagen? Welches Wort kann die Weite beschreiben, die alles beinhaltet?

Die Schwingen waren nun verschwunden, aber alle drei saßen noch immer da und beobachteten friedlich die langsam aufsteigenden Wirbel von heiligem Rauch, die von der Muschel in ihrer Mitte herrührten.

Es war Yetahl, die die Stille unterbrach. „Ich erinnere mich, wie meine Großmutter als ich noch ein kleines Mädchen war erzählte, dass der Anfang meiner Ausbildung zur Heilerin in der besonderen Kunst des Zuhörens lag. Nicht nur meinen Ältesten zuzuhören, sondern allen Verwandten. Sie lehrte mich, den Felsen der Berge und dem Wind, der die Berge glättet und abträgt, zuzuhören. Ich lernte viel von der feinen Melodie des Sumpfes und all der Kraft, die in ihm wohnt. Viele Male konnte ich anderen helfen, weil ich die Weisheit des wohligen Liedes der Erde respektiere. Ich habe immer den sanften Ruf der Kinder der Natur gehört, die mir sagten, dass sie unser Leid lindern wollen. Zuzuhören bedeutet Erlösung. Ich fühle, dass es meine Aufgabe ist, diese Fähigkeit an diejenigen weiterzugeben, die taub für die Stimme der Schöpfung sind."

„Dein Herz spricht voller Schönheit", lobte Adler-Mann. „Deine Worte werden von nun an die Erste Feder genannt werden, die wir an deine Blutsverwandten weitergeben. *Zuhören* ist der erste Schritt, sich selbst zu heilen."

Wie von Zauberhand erschien eine große glänzende Adlerfeder in Yetahls langem, geflochtenem Zopf. Die Feder war mit Hilfe eines Lederbandes befestigt, an dem eine leuchtend gelbe Perle hing. Reisende Mutter neigte demütig ihren Kopf zum Dank für das Geschenk.

„Gebrauche sie weise, verehrte Frau", fügte Adler-Mann hinzu.

Eichhörnchen-Junge fühlte, dass es nun an ihm war, im heiligen Kreis zu sprechen.

„Ich weiß wirklich noch nicht viel, aber ich erinnere mich, dass die Bäume mich lehrten, die Jahreszeiten und ihren Rhythmus zu achten. Ich konnte nicht darauf hoffen, mitten im Winter meine geliebten Tannenzapfen zu sammeln. Zeit war von entscheidender Bedeutung, und ich erkannte, dass es den richtigen Zeitpunkt gab, von der Natur vorgegeben, um das zusammenzutragen, was ich zum Überleben brauchte. Ich war immer beschäftigt, und die Zeit bis zum nächsten Schneefall verging schnell. Ehe ich mich versah, waren ganze Jahre verstrichen und mir war sehr bewusst, wie flüchtig die Zeit ist. Der Wald mahnte mich immer, nie zu vergessen, dass der Sommer bald zu Ende sei, und dass ich die Zeit, die mir blieb, nutzen solle. Ich nehme an", schloss Eichhörnchen-Junge, „dass es einem, solange man jung ist, wie eine Ewigkeit vorkommt, bis man erwachsen ist. Aber in Wahrheit sind wir nur für eine sehr kurze Zeit hier und wir sollten unser Leben mit guten Taten anfüllen und nie vergessen, dass es bald vorüber sein wird."

„Wunderbar, Eichhörnchen-Junge! *Zeit ist vergänglich* und wer diese Warnung nicht ernst nimmt, lebt ein Leben, das rasch vergangen ist. Lasst dies als Zweite Feder bekannt sein", sagte Adler-Mann und wandte sich an Yetahl, „als Mutter und Frau gehört jede Feder, die hier gegeben wird, dir. Das ist unser Brauch." Wieder erschien eine herrliche Feder in Yetahls Zopf, diesmal bestückt mit einer tiefschwarzen Perle.

Nun war Adler-Mann an der Reihe, im heiligen Kreis zu sprechen. „Es liegt in meiner Natur, Zorn mit Frieden zu vereinen. Ich genieße es nicht nur, an einem heißen Sommertag ohne Anstrengung auf den warmen Winden hoch über der Welt zu schweben, sondern auch Donner und Rage in klare Luft zu bringen. Gutes Wetter ist nur die Vorbereitung für launenhaften Sturm, der am Horizont aufzieht. Niemand kann den Prüfungen des Lebens entfliehen, und es doch zu versuchen, ist die Torheit der Menschen. Seid bereit für den nächsten Sturm und vergesst nie, dass er es ist, der uns zu neuen Abenteuern treibt, die am Wegesrand auf uns warten. *Sturm und Gewitter* müssen wir alle durchstehen und anschließend weiter paddeln. Dies ist meine Gabe an dich, Yetahl. Trage die Dritte Feder zu denen, die Hilfe brauchen."

In diesem Augenblick hing eine wundervolle Feder von ihrem Zopf zusammen mit einer azurblauen Perle.

Yetahl dankte abermals demütig für die Geschenke, die sie soeben erhalten hatte.

„Vielleicht steht es mir nicht zu, etwas zu sagen, aber es drängt mich, euch mitzuteilen, was ich einmal hörte, während ich in meinem Nest tief in den Wurzeln schlief", sagte Eichhörnchen-Junge aufgeregt. „Geduld ist noch nicht meine Stärke, also entschuldigt mich bitte. Aber vielleicht ist es von Wichtigkeit, was ich im tiefsten Schlaf gehört habe."

„Es gibt keinen Grund, jugendlichen Eifer zu entschuldigen. Bitte erzähle uns von der Botschaft aus dem Untergrund des Baumes“, erwiderte Adler-Mann.

„Im vergangenen Sommer habe ich mich nach einem langen und harten Tag des Sammelns zum Ausruhen hingelegt und bin in einen sehr tiefen Schlaf gefallen“, erzählte Eichhörnchen-Junge seine Geschichte. „Zuerst war es nichts weiter als ein leises Murmeln, das mein Nickerchen störte. Ich schlafe meist sehr gut und traumlos und mag es gar nicht, aufgeweckt zu werden, und dieses ununterbrochene Murmeln raubte mir den Frieden. Nach einer Weile, die ich brauchte, um mir die Augen zu reiben und mich aufzusetzen und zuzuhören, erkannte ich, dass das Murmeln von unter mir kam, tief aus dem Inneren der Erde. Ich legte mein Ohr an den Boden und konnte gerade eben hören, wie mein Name gerufen wurde. Ich dachte, dass vielleicht einer meiner Cousins irgendwo unter meinem Bau verschüttet war, und begann fieberhaft zu graben, um ihn zu befreien. Ich kam nur langsam voran, denn ich musste mir meinen Weg durch Bündel von verschlungenen, knorrigen Wurzeln bahnen. Ich konnte den Ruf deutlicher vernehmen, je tiefer ich kam. Plötzlich verlor ich den Boden unter den Füßen und fiel durch ein Wirrwarr aus Wurzeln und landete in einer großen Höhle. Wo bist du, rief ich, aber ich erhielt keine Antwort. Es war niemand dort unten verschüttet. In der Mitte der Höhle befand sich ein riesiger rubinroter Stein, umwickelt und fest umhüllt von hunderten, uralten Wurzelsträngen. Der glänzende Stein strahlte in tiefem Karmesinrot, das die gesamte Unterwelt zum Leuchten brachte. Mein Name wurde erneut gerufen und ich erkannte, dass ich in ein ungewisses Schicksal gelockt worden war.

‚Komm näher, kleines Eichhörnchen, und verbringe etwas Zeit mit mir', sang der Stein in einer angenehmen Melodie. Ich fürchtete mich sehr und zuerst dachte ich daran, auf die nächstgelegene Wurzel zu springen und fortzurennen. Doch die melodische Stimme klang nicht bösartig, und ich wagte mich ein paar Schritte näher heran.

‚Näher, näher, mein Junge, und hab keine Angst, denn ich habe dich aus gutem Grund zu mir gerufen', sang der Stein.

Als ich dicht genug herangekommen war, um die glänzende Oberfläche des Steines unter seinen knorrigen Fesseln erkennen zu können, war ich wahrlich fasziniert von seinem zauberhaften Aussehen.

‚Schau in meine Tiefen und lerne das Herzstück von Erdes roter Seele kennen', lud der singende Rubin ein. Ich zögerte keinen Moment und war entzückt von der Möglichkeit, die sich mir bot. Doch in dem tiefroten Stein war kein Grund zu sehen. Innen drin in seiner glitzernden Haut, scheinbar in der Luft schwebend, waren unendlich viele Symbole und Zeichen, von denen ich nicht ein einziges kannte.

‚Was du hier erlebst, ist die Geburt all der Worte und Zaubersprüche, die tief im Inneren zwischen meinen glänzenden Wänden empfangen wurden', erklärte der Stein in seinem Singsang. ‚Die Kraft eines jeden gesprochenen Wortes oder Namens, zu heilen oder zu schaden, stammt von mir. Jedes gesprochene Wort besitzt eine wundersame Kraft, und Welten sind entstanden, aber auch gefallen, wenn es missbraucht wurde. Mein Geschenk an dich, sanftmütiges Eichhörnchen, ist, dass du dich bitte an deine Zeit mit mir erinnerst und für späteren Gebrauch einige von diesen Kindern aus meinem Inneren mitnimmst.'

Ich beobachtete, wie eine Reihe von Symbolen die Mitte des rubinroten Steines verließen und mir entgegen schwebten, nur um gleich darauf in meiner Stirn zu verschwinden und in meine Gedanken einzudringen. Das nächste, an das ich mich erinnere, ist, dass ich in meinem Nest aufwachte und die Worte, die in meinem Kopf umherschwirrten, sofort laut aussprach: ‚*Schaden oder Heilen, Worte haben Zauberkraft.*‘ Es scheint trotz allem nur ein Traum gewesen zu sein, aber ich dachte, dass es wichtig sei, ihn hier in unserem Kreis zu erzählen“, beendete Eichhörnchen-Junge seine Rede.

„Wir danken dir, Eichhörnchen-Junge, dass du uns deine Vision aus den Tiefen offenbart hast“, jubelte Adler-Mann. „Und wir sind stolz, dass du die Vierte Feder, die allein zum Heilen und nicht zum Schaden genutzt werden sollte, ans Tageslicht gebracht hast.“

Yetahl erhielt auf wundersame Weise nun die letzte Feder in ihrem Zopf, diesmal hing an der Feder eine Perle in strahlendem Karminrot. Reisende Mutter saß schweigend im heiligen Kreis. Langsam hob sie ihre Hände, die Handflächen nach oben gerichtet, um ihre Dankbarkeit zu zeigen.

Der heilige Rauch aus der Abalone-Muschel war verflogen. Yetahls angenehme Mischung aus duftenden Kräutern war heruntergebrannt. Die Zeremonie war beendet.

„Ich habe Hunger“, verkündete Adler-Mann. „Lasst uns essen!“

„Ich habe auch Hunger“, stimmte Eichhörnchen-Junge zu. „Yetahl, können wir ein paar von den Vorräten haben, die du in der Höhle verstaut hast? Mein neuer Körper ist am Verhungern, und ich habe großen Appetit auf deinen ausgezeichneten Mais.“

„Natürlich wollen wir es uns gut gehen lassen", stellte Yetahl richtig, „aber wir alle, auch unsere Brüder, die am nahegelegenen Ufer hungern. Lasst uns zusammentragen, was wir haben, und es zum Heiligen Fluss bringen und alle dazu einladen, unsere Gaben zu teilen. Ich fürchte mich nicht mehr davor, dass sie mich zurückweisen. Wir wollen uns von unseren neuen Geschenken leiten lassen und unsere Brüder umstimmen, damit sie ein glückliches Leben führen."

„Das ist eine großartige Idee, Vier Federn", stimmte Adler-Mann zu. „Vier Federn soll dein neuer Name sein. Es ist unser Brauch, dass die Kraft der Geister, die in einer Person ruht, in ihrem Namen zum Ausdruck kommt." Adler-Mann machte eine kurze Pause und fügte dann hinzu: „Dein Vorschlag, das Festmahl zu unseren armen Verwandten zu bringen, macht das Essen zu einem wahren Ereignis, denn es schmeckt immer besser, wenn man es mit vielen Menschen teilen kann."

„Lasst uns schnell machen und meine Körbe mit so viel wie möglich füllen. Und dann machen wir uns auf den Weg", drängte Vier Federn froh. „Du scheinst stark zu sein, Adler-Mann, du kannst den großen Korb mit den Kartoffeln und dem Mais tragen. Dann werden wir sehen, wie stark du wirklich bist, ohne deine Zauberei", neckte die Schamanin.

Adler-Mann lächelte und überlegte im Stillen: „Nun, vielleicht hätte ich doch besser dabei bleiben sollen, Präriehunde zu jagen statt hierherzukommen."

„Darf ich bitte den kleinen Korb mit den Zwiebeln tragen?", bat Eichhörnchen-Junge. „Bisher konnte ich immer nur eine Nuss oder einen Tannenzapfen auf einmal transportieren. Aber nun möchte ich herausfinden, was ich wirklich tragen kann."

„Dann werde ich all meine Decken, meine Trommel und die Rassel in dem letzten Korb mitnehmen", sagte Vier Federn aufgeregt.

Es dauerte nicht lange, bis die drei Abenteurer den Waldpfad entlangliefen, der hinunter zum Strom des Überflusses führte.

„Ihr wisst, dass wir noch das Zusammentreffen mit unseren Verwandten zu meistern haben, wenn wir das Flussufer erreichen", schnaufte Adler-Mann. Die Last auf seinem Rücken und der Trageriemen, der an seiner Stirn zog, strengten ihn ziemlich an. „Ein Mann zu sein, ist gar nicht so leicht", sagte er etwas mürrisch zu sich selbst. „Oh, wie ich mir wünsche, wieder hinauf in meine geliebten Lüfte zu steigen", dachte der müde Donnermacher.

„Wie wahr deine Worte sind, großzügiger Mann", erwiderte Vier Federn. „Ich vertraue darauf, dass alles gut gehen wird, sobald der erste Sturm vorübergezogen ist."

„Mir recht", stimmte Adler-Mann laut zu und grinste verhalten. „Ich fange an, sie mehr und mehr zu mögen", stellte er im Stillen fest. „Habe ich hier im Tal jemanden gefunden, der mir ebenbürtig ist? Diese Frau verwirrt mich mit ihrem Witz und ihrer Schönheit. Soll ich darüber verärgert sein oder mein neues Schicksal akzeptieren?", überlegte der, der das Tragen von weltlichen Gütern lernt.

„Es ging viel schneller, als ich noch von Baum zu Baum springen konnte", beschwerte Eichhörnchen-Junge sich. „Sind wir bald da?", setzte er hinzu, ohne wirklich eine Antwort zu erwarten.

„Die Sache wird immer interessanter", dachte der Mann, der einst ein Adler gewesen war. „Ich frage mich, wohin es führen wird. Irgendwie beginnt die Situation, sich so anzufühlen, als läge etwas ganz Besonderes in der Luft; es muss damit zu tun haben, dass ich mich bereits viel zu lange am Boden befinde. Fliegen zu können, scheint nichts weiter als eine vage Erinnerung zu sein. Um ehrlich zu sein, alles ist bisher sehr angenehm verlaufen, und auch wenn die Lage noch ernst werden könnte, ich fange an, die Gesellschaft meiner beiden Begleiter ebenso wie meine eigene Existenz hier unten zu genießen", beschloss er.

Adler-Manns Überlegungen kamen zu einem abrupten Ende, als Eichhörnchen-Junge rief, dass er die Ansiedlung durch die Bäume erspäht hatte. Sein Rufen hatte auch die Anwohner alarmiert, denn als die drei langsam das Lager betraten, herrschte ein absolutes Chaos.

Das Dorf bot einen wahrhaft trostlosen Anblick. Die Menschen schliefen in flachen Gruben, ohne Schutz vor Wind und Regen. Sie versuchten vergeblich, sich mit schwelendem nassen Treibholz, das kaum brennen mochte, warm zu halten und zu kochen. Ein paar zerfetzte und abgenutzte Lederstücke waren alles, was sie besaßen, um sich zu kleiden. Traurigkeit und Verzweiflung bestimmten hier alles.

Doch aus dem Mitleid der Abenteurer wurde rasch die Sorge um das eigene Überleben und die eigene Verteidigung, denn die ängstlichen Männer begannen, Steine und lange verkohlte Speere aufzunehmen und bedrohlich auf sie zuzukommen. Die Frauen und Kinder kauerten derweil hinter den Männern, die Gesichter voll Schreck.

Tränen standen in Vier Federns Augen, Tränen des Mitleids, nicht der Angst. Die drei Reisenden standen da wie eine heile und sich liebende Familie – Mutter, Vater und

Sohn – und wichen keinen Schritt von ihrem Vorhaben ab.

Der bedrohliche Mob kam näher. Vier Federn hob ihre Hand als Zeichen des Friedens und deutete ihren Begleitern, ihr Gepäck abzulegen und die Dinge zu zeigen, die sie diesen unglücklichen Menschen mitgebracht hatten. Sie sprach den ehrwürdigen Willkommensgruß ihres weitentfernten Heimatlandes, „Lau Siyaye. – Grüße in Freundschaft", aber es nützte nichts. Die Worte waren kaum über ihre Lippen gekommen, da warfen die verzweifelten Menschen ihre lebensbedrohliche Salve aus Steinen und Speeren.

Nun war es Eichhörnchen-Junge, der seine Hand hob und „Halt!" rief. Alle Geschütze fielen augenblicklich mitten im Flug zu Boden. „Adlers Segnung funktioniert wirklich gut", staunte Eichhörnchen-Junge.

Der größte Teil der Angreifer rannte rückwärts und versammelte sich wieder bei den Frauen, doch ein paar Starrköpfige bückten sich erneut, um Steine aufzuheben. Eichhörnchen-Junge nahm schnell einen Armvoll Maiskolben aus Adler-Manns Korb und ging auf die Gruppe von Frauen und Kindern zu, vorbei an den Männern, die die Steine aufhoben. Sofort ließen sie die Steine fallen, als seien sie glühend heiß und rannten, ängstlich gebückt, zurück zu ihren Familien. Eichhörnchen-Junge, der nie ein wahrer Held gewesen war, setzte seinen Weg entschieden fort, trat direkt zu dem ihm am nächsten stehenden Kind, einem kleinen hübschen Mädchen, und bot ihr einen der goldenen Maiskolben an.

„Ich heiße Eichhörnchen-Junge. Sei willkommen in unserer Welt. Ich wünsche Dir und Deiner Familie Gesundheit und Glück", sagte er.

Das kleine Mädchen ließ ihre Mutter los und nahm zaghaft

den Maiskolben entgegen. Sie hielt ihn mit beiden Händen fest und starrte ihn einfach nur an. Es war offensichtlich, dass das Mädchen noch nie einen Maiskolben gesehen hatte, und sie stand in bloßer Verwunderung da.

„Wir haben ihn gestern frisch geerntet, und er schmeckt sehr gut“, erklärte Eichhörnchen-Junge. „Probier ihn und du wirst es selbst sehen“, drängte er.

Das Mädchen blickte unsicher zu seiner Mutter auf und wartete auf ein Zeichen von ihr. Ihre Mutter nickte schweigend und gab ihr zu verstehen, dass sie das Geschenk von Eichhörnchen-Junge respektieren sollte. Das kleine Mädchen roch vorsichtig an dem Mais, und ein Funke des Entzückens erschien in ihren Augen. Behutsam knabberte sie ein Maiskorn von dem Kolben ab. Die Umstehenden drängten sich näher an sie heran, um besser sehen zu können, was geschah. Ein breites Lächeln, wie die verarmten Leute es lange nicht mehr gesehen hatten, breitete sich auf dem Gesicht des ausgehungerten Kindes aus.

„Es schmeckt wunderbar, Mama!“, rief das Mädchen. „Hier, probiert selbst“, sagte sie, während sie den Kolben an ihre Eltern weiterreichte. Ihre Mutter tat es ihr nach, und bald darauf lächelte auch sie. Eichhörnchen-Junge begann, die Maiskolben an gierige hungrige Hände zu verteilen. Adler-Mann und Vier Federn traten nun ebenfalls vor und halfen Eichhörnchen-Junge. Alles, was zu hören und zu sehen war, war das eifrige Kauen von Mais und das glückliche Lächeln auf den Gesichtern der bedürftigen Suchenden.

Das kleine Mädchen, das den ersten Maiskolben erhalten hatte, ging zu Eichhörnchen-Junge, die Wangen bedeckt mit Maiskrümeln.

„Danke“, sagte sie. „Ich heiße Temwehweh, Frühlingsmond, und es ist das erste Mal in meinem Leben, dass ich satt und glücklich bin.“

„Mir wurde heute gesagt, dass ich gesegnet werden würde, und nun weiß ich, dass ich die Wahrheit gehört habe“, erwiderte Eichhörnchen-Junge. „Es war mir eine Ehre und ein Vergnügen, dich lächeln zu sehen.“

Frühlingsmond streckte ihre mageren Finger aus und fühlte wie weich und warm Eichhörnchen-Junges farbenfrohe Decke war. Er sah das Erstaunen in ihren Augen und den Wunsch, die Decke nur einmal kurz zu halten. Höflich nahm er die Decke von seiner Schulter und legte sie dem Mädchen um. Frühlingsmond starrte ungläubig auf das Geschenk, das sie soeben erhalten hatte. Alle im Stamm hielten inne, erstaunt darüber, was sie sahen. Vier Federn ahnte, was in den Menschen vorging und nahm die gewebten Decken aus ihrem Korb. Ein jeder ihrer lang vermissten Verwandten erstarrte. Sie sahen auf die Decken, auf etwas, an das sie sich nicht mehr erinnern konnten. Weil es nicht genügend Decken für jeden einzelnen von ihnen gab, ging die Schamanin zu den Müttern und Frauen und überreichte jeder eine Decke. Die einzelnen Familien bestaunten die Geschenke und strichen mit ihren Händen und Fingern unaufhörlich über die gewebte Oberfläche des Stoffes. Viele fragten sich, was die bunten Muster bedeuteten, während andere die Decken nahmen und ihren Frauen über die Schultern legten und ein paar Schritte zurücktraten, um die großartigen Roben zu betrachten.

Währenddessen hatte Adler-Mann zwar geholfen und die Szene beobachtet, doch er spürte, dass es unangebracht war, sich in das Geschehen einzumischen. Die Menschlichkeit, die sich vor seinen Augen abspielte, beeindruckte ihn sehr. Noch nie zuvor hatte er so viel Zeit in der Gestalt eines Mannes verbracht und er fühlte, dass dieses Abenteuer ihn verändert hatte. Und obwohl seine ganze Aufmerksamkeit auf die Szene vor ihm gerichtet war, nahm Adler-Mann doch einen Hauch von Rauch wahr, der sein Gesicht streifte und der von einem schwelenden Lagerfeuer am Ufer stammte. Für einen Augenblick, als sei es aus einem längst vergessenen Traum, erinnerte er sich daran, dass er diesen dünnen Rauchschleier schon einmal gesehen hatte, nämlich als er hoch über den Bergspitzen schwebte.

„War das der Anfang dieses Abenteuers?“, versuchte er sich zu erinnern.

Er wandte sich dem schwachen Feuer zu und vernahm das Lied aller Waldvögel, das ihn herbeirief, um trockene Zweige vom Waldboden zu sammeln und die durchnässten Holzscheite zu ersetzen. Eifrig und froh darüber, seinen Teil beitragen zu können, ging er in den Wald und kehrte bald darauf mit einer immensen Ladung von Ästen und Stöcken zurück. Er häufte sie vorsichtig über dem räuchernden Treibholz auf, aber sie wollten sich einfach nicht entzünden. Verärgert über die Erfolglosigkeit seines Tuns begann er, den schwelenden Haufen intensiv anzustarren. Kleine Lichtblitze schossen aus seinen Augen und brachten den Holzstapel sofort zum Brennen. Es schien, als hätte er noch nicht all seine Fähigkeiten verloren, und er war sehr erleichtert, diese kleine Aufgabe erfüllt zu haben. Die Menschen hinter ihm aber bemerkten die prasselnden Flammen erst jetzt. Sie wussten nicht, wie sie entstanden waren.

Adler-Mann ging zu dem nun halbleeren Korb, den er den Berg hinuntergetragen hatte, und brachte ihn nahe ans Feuer. Er forderte alle auf, ihm zu folgen.

„Eichhörnchen-Junge, bring deine Zwiebeln, dann können wir sie zusammen mit den Kartoffeln backen“, rief er.

Bald hatten sich alle um das majestätische Feuer versammelt. Die Familien, die Kinder in die Decken gewickelt, warteten gespannt darauf, was als nächstes geschehen würde.

Ein wenig Nahrung und Wärme hatten die Menschen in eine lachende, gesprächige Runde verwandelt. Viele erzählten von ihrem Glück und sprachen darüber, was für ein Segen die Ankunft der drei Reisenden doch war. Und obwohl sich den drei Freunden kaum einer erkenntlich zeigte, sah Vier Federn in ihren Augen eine tiefe Dankbarkeit, vor allem bei den Müttern.

Die heißen Kartoffeln und Zwiebeln wurden vorsichtig herumgereicht und während ein jeder das Essen genoss, wurde es immer ruhiger und es war, als legte sich eine zufriedene Stille auf die Seelen der Anwesenden.

Nur Adler-Mann und Eichhörnchen-Junge standen auf, um mehr Feuerholz im Wald zu sammeln. Sie begannen, einen großen Stapel neben dem Feuer aufzuschichten, damit genug für die ganze Nacht da sein würde. Als sie das zweite Mal aufbrachen, um mehr Zweige zu holen, sprang die kleine Frühlingsmond auf und gesellte sich zu ihnen. Sie brachte ihren eigenen Stapel Stöcke zurück. Als sie das dritte Mal aufbrachen, schlossen sich fünf der Männer und vier der Mütter der holzsammelnden Gruppe an. Es lag nun ein riesiger Stapel Holz neben dem Lagerfeuer bereit, genug für viele Tage.

Die Abenddämmerung brach an und alle saßen wieder um die wärmenden Flammen. Niemand sprach. Vier Federn spürte deutlich, dass es an der Zeit war, den Geistwesen ein Dankeslied zu singen für alles, was sie ihnen beschert hatten. Sie erinnerte sich genau an die Angst, die die Menschen bei ihrem Eintreffen gezeigt hatten, und ließ daher ihre Trommel und ihre Rassel in ihrem Erntekorb.

Vier Federn stand auf, und alle Augen richteten sich auf sie. Anmutig schritt sie langsam um das Feuer, so dass jeder der Anwesenden sie vorbeigehen sehen konnte. Vier Mal zog sie ihren Kreis – zu Ehren der Schöpfung und der heiligen vier Richtungen, die die bunten Perlen symbolisierten, die an ihren verzauberten Federn hingen. Dann hob sie ihre Hände zum Himmel und begann, das bezauberndste Lied zu singen. Adler-Mann war über ihre bemerkenswerte und traumgleiche Stimme verblüfft. Es war dasselbe Lied, das sie für ihn gesungen hatte, als er unterwegs gewesen war, um den Menschen am Fluss der Fürsorge zu helfen.

„Besteht die Möglichkeit“, dachte er, „dass es von Anfang an Vier Federn war, die seit meiner Ankunft alles auf magische Weise hervorgebracht hat, und nicht ich, der Ewige Donnervogel des Himmels?“ In diesem Augenblick kümmerte es ihn überhaupt nicht und es machte keinerlei Unterschied mehr, wer was begonnen hatte. Alles, was er wusste war, dass er äußerst zufrieden damit war, zu hören, wie diese schöne Frau ihr Zauberlied sang.

Während die Schamanin sang, begann sie erneut, das lebendige Feuer zu umkreisen: Vier heilige Male, aber nun in die entgegengesetzte Richtung, um so das Tor zur Geisterwelt zu öffnen. All ihre Verwandten folgten staunend dieser

Zeremonie, die sie seit unzähligen Generationen, seit sie ihre Heimat vor so langer Zeit verlassen hatten, nicht mehr erlebt hatten. Langsam erschienen die Sterne am dämmrigen Himmel. Und ein jeder begriff, dass sich mit den funkelnden Lichtern auch die Geister all der Ahnen einfanden, die vor ihnen an dem zermürbenden Treck teilgenommen hatten. Die alten Geister aus längst vergangenen Wintern sangen nun mit Vier Federn.

„Endlich ist unsere Reise zu Ende und es ist an der Zeit, mutig zu sein und einen neuen Anfang zu wagen. Hört den Rhythmus, den die Seele der roten Erde vorgibt, und seid gewiss, dass der Sturm für den Moment vorüber ist. Verlebt eure Zeit weise, denn sie dauert nicht länger als einen Augenblick. Lasst hier eure neue Heimat sein und zieht nicht mehr weiter umher." Die Geister der Ahnen sangen diese beruhigenden Worte zu ihren Kindern.

Vier Federn ging zu ihrem Korb und nahm ihre heilenden Instrumente heraus. Sie übergab ihre Rassel an Eichhörnchen-Junge und ihre Trommel an Frühlingsmond.

Ihre Verwandten hatten nun keine Angst mehr davor. Viele hatten ihre Eltern oder Großeltern unter den Geistwesen erkannt und wünschten sich, dem weisen Rat, der ihnen gegeben wurde, zu folgen, nach den vielen Schwierigkeiten, die sie durchlebt hatten.

Die Schamanin Vier Federn tippte mit ihrer Hand auf ihr Herz und zeigte ihnen so, in welchem Takt sie Trommel und Rassel zum Leben erwecken sollten. Frühlingsmond begann rhythmisch auf die Trommel zu schlagen und Eichhörnchen-Junge begleitete den einfachen Takt mit der Rassel.

Je länger die beiden Kinder ihre Musik spielten und je

mehr Vier Federn sang, desto stärker blies der Wind. Die Geister folgten dem Rhythmus und wirbelten um den Kreis der gebannt zusehenden Menschen herum. Das Feuer wurde von dem immer stärker werdenden Sturm aufgepeitscht. Die Begeisterung und das Verlangen nach den positiven Elementen des Lebens hatten Angst und Verzweiflung aus den Herzen der Menschen verscheucht.

Dicke, undurchdringliche Wolken zogen auf, und alle blickten zum Himmel empor. Der erste Blitz erleuchtete das dämmrige, abendliche Ufer. Einige schwere Regentropfen fielen. Aber der Gedanke zu fliehen galt nicht mehr. Das Lied, das Vier Federn sang, war nun ebenso laut und stark wie das Getöse des Windes, und der Regen schoss in Strömen vom Himmel.

Ein phantastisches Naturschauspiel, wie es nur wenige je erlebt hatten, zog alle Anwesenden in Bann. Uralte Wünsche und falsche Begierden, an denen bis dahin so verzweifelt festgehalten worden war, waren für einen kurzen Moment wie weggespült. Die Sinne waren von der unglaublichen Gewalt des Sturmes derart verwirrt, dass ein jeder nichts als die seelenreinigende Dusche der Natur sehen konnte. So schnell wie er gekommen war, zog der Wolkenbruch vorüber, und alle standen durchnässt da. Und Vier Federn und Eichhörnchen-Junge erinnerten sich an den Moment, als Adler-Mann in ihrer Welt angekommen war.

Eichhörnchen-Junge schaute hinüber zu Adler-Mann und deutete mit der Hand zum Himmel. War er es gewesen, der den wunderbaren Regenguss herbeigebracht hatte? Doch Adler-Mann schüttelte den Kopf und zuckte mit den Schultern: Er hatte den Regen nicht ausgelöst.

Durch das viele Wasser und die vielen Pfützen war ein feiner Dunst entstanden, der alles in einen geheimnisvollen Schleier hüllte. Nach und nach waren in dem Nebel die Menschen zu erkennen. Niemand war mehr traurig. Die Sterne leuchteten unmittelbar über ihnen klar in einem mondlosen Himmel, aber alles, was sich außer Reichweite des Feuers befand, blieb in einer dichten Nebelbank verborgen. Das Feuer hatte den Wolkenbruch überraschenderweise überdauert und war nicht erloschen. Adler-Mann, Eichhörnchen-Junge und Frühlingsmond schürten es behutsam, bis es wieder hell aufloderte. Alle drängten sich näher an die trocknende Wärme und legten sich alsbald zu einem wohlverdienten Schlaf nieder. Dieser Tag hatte allen sehr viel abverlangt, und niemand rührte sich, bis der erste orangefarbene Schimmer der Morgendämmerung im Osten erschien.

Vier Federn und Adler-Mann waren die ersten, die erwachten. Beider Herzen waren voller Hoffnung und Abenteuerlust für den neuen Tag, und auf dem Gesicht von Vier Federn lag das schönste Lächeln. Eine große Segnung hatte sich ereignet, und sie war dankbar für die Hilfe, die sie von Adler-Mann bekommen hatte.

Adler-Mann musste sich zwingen wegzusehen, um sich nicht anmerken zu lassen, was für eine Wirkung ihr Lächeln auf ihn hatte.

Die anderen schliefen alle noch. Familien, eingehüllt in warme Decken, hatten ihre Kinder im Arm. Zu dieser frühen Stunde war das Lager noch umgeben von den Nebelschleiern, die vom Fluss aufzusteigen pflegten, und Adler-Mann ging leise zu den glühenden Kohlen des Lagerfeuers und legte frische Zweige und Äste nach, um es zu neuem

Leben erwachen zu lassen. Das Knistern und Knacken der auflodernden Flammen ließ nach und nach auch die anderen aus ihrem zufriedenen Schlaf erwachen.

Die ersten Sonnenstrahlen erschienen über den Bergspitzen und begannen, den frostigen Nebel zu verjagen. Die Dorfbewohner setzten sich mit verschlafenen Augen auf und betrachteten den neuen Morgen, der ihnen so anders vorkam, als die vorhergehenden. Die drei Reisenden hörten dankbar zu, wie die Menschen untereinander von der großen Zauberei zu sprechen begannen, die ihre Einstellung zum Leben so grundsätzlich verändert hatte. Alle standen jetzt um das Feuer und beobachteten, wie sich der morgendliche Dunst schnell auflöste und dabei am Friedlichen Fluss eine schöne Welt offenbarte. Noch am Tag zuvor hatte sie diese Welt in Angst und Schrecken versetzt, doch jetzt hatten die Menschen die Hoffnung, genau hier ein gutes und reiches Leben führen zu können. Es war, als jage ein gemeinsamer Gedanke aller die letzten Nebelschleier fort und mit ihnen auch die Armut und die Not, die die Menschen im Griff gehabt hatten.

Als am Ufer des Gesegneten Flusses aus den letzten Nebelschwaden ein großartiges Haus erschien, waren alle erstaunt. Adler-Mann erkannte eines der Langhäuser aus längst vergangenen Tagen, die er während einer seiner Reisen vom hohen Himmel aus gesehen hatte. Es war eines der Häuser, die die Verwandten von Vier Federn, die weit im Süden lebten, vor langer Zeit dort gebaut hatten, als sie eben aus ihrem Land am Westlichen Meer angekommen waren.

Das Langhaus war mehr als vierzig Schritte lang und zehn Schritte weit. Im morgendlichen Sonnenlicht schimmerte es wie frisch geschnittene Rote Zeder. An jeder Außenwand des Hauses befanden sich Dutzende geschnitzter Pfosten. Sie waren mit den Darstellungen der Stammesvorfahren und ihren Tiersymbolen verziert. Staunend traten die Menschen näher, um sich das wie durch Zauberei erschienene Haus genauer anzusehen. Die meisten riefen überrascht aus, denn sie erkannten die geschnitzten Figuren an den Pfosten.

„Diese sieht genau aus wie meine Mutter", staunte ein Mann, während ein anderer erklärte: „Hier ist Großvater!"

Ein jeder schritt um das Haus und identifizierte dabei seine Vorfahren, die am Abend vorher, kurz bevor der Wolkenbruch einsetzte, am Feuer gesungen und getanzt hatten.

„Das Haus ist bestimmt mit dem Sturm gekommen, und aufgrund des Nebels hat es niemand bemerkt, bis die wärmende Sonne es freigelegt hat", überlegte Eichhörnchen-Junge laut.

Der Haupteingang des Langhauses, mit zwei hohen Türen aus Zedernholz, war zu beiden Seiten von massiven Balken eingerahmt. Auf dem linken Türpfosten war die Schnitzerei eines prächtigen Adlers zu sehen und gegenüber die einer zierlichen, weisen Großmutter, in deren langem, geflochtenem Zopf vier Federn hingen. Über dem Türrahmen befand sich ein geschnitztes, hübsches Eichhörnchen, das eine lächelnde Mondsichel hielt. Die Türen waren mit Darstellungen von Hirsch und Lachs, Beeren und Mais, Kartoffeln und Zwiebeln verziert.

„Was mag sich wohl hinter diesem Eingang befinden?", überlegten die Familien überwältigt. „Wer wagt es, dieses wundersame Portal zu öffnen?"

Bis zum gestrigen Tag hatten sie nicht einmal gewusst, wie eine Wolldecke aussah, und nun standen sie vor einem solchen Gebäude. Sprachlos und voller Bewunderung starrten sie es an. Bisher hatten sie in flachen Gruben oder Höhlen Schutz vor den Elementen gesucht.

„Euer neues Zuhause", verkündeten Adler-Mann und Vier Federn den Menschen und baten Eichhörnchen-Junge und Frühlingsmond näher zu treten und die geschnitzten Türen zu öffnen.

Als die beiden Kinder eintraten, strömte ihnen der würzige Duft von frisch geschnitztem Zedernholz entgegen. Im Inneren des Langhauses befand sich ein Mittelgang, der von der Tür bis ans andere Ende reichte. Riesige, glattgearbeitete Pfosten aus Zedernholz säumten den Gang zu beiden Seiten und streckten sich nach oben, wo sie das massive Gebälk des Daches stützten. Links und rechts des Hauptganges, in einigem Abstand zum Boden, befanden sich hölzerne Plattformen, die in regelmäßigen Abständen mit Zwischenwänden versehen waren, so dass separate Nischen entstanden. Jede Familie würde sich ihre Nische aussuchen, die zur zentralen Feuerstelle in der Mitte des Hauses hin offen war.

Alle durchstreiften das Innere des neuen Zuhauses von vorn bis hinten und waren fasziniert von dem, was sie entdeckten. In jedem der einzelnen Wohnbereiche gab es mit Schnitzereien reich verzierte Truhen. Darin lagen die rätselhaftesten Gegenstände und Werkzeuge. Vor einem dieser Wohnbereiche stand eine Familie und besah sich einen Webrahmen und einen Korb voller gekämmter Wolle. Spindeln lehnten an der Wand. Im nächsten Bereich bestaunte ein Vater viele Bögen, Pfeile und Speere, während in einem weiteren Bereich Äxte und Hämmer aus Steinen lagen, zusammen mit einem Korb voller großer, rasierklingenscharfer Messer aus Obsidian. Ein junges Ehepaar fand am Ende des Hauses einen Wohnbereich, in dem Netze, Seile und Fischreusen hingen. Werkzeuge, um aus Bäumen Kanus zu fertigen, waren in einer der Ecken aufgestapelt.

Jedes Werkzeug und Gerät, das zu einem guten Leben beitragen konnte, war vorhanden. Seltsamerweise fand sich jede Familie am Ende genau dort ein, wo die Utensilien lagen, die ihrem Talent oder ihrer Berufung entsprachen. Der Mann, der von Schwester Kojote jagen lernen wollte, nahm Pfeil und Bogen in seinen Besitz. Die junge Frau, die in einem nahegelegenen Bach einmal einen Fisch gefangen hatte, wählte die Netze und starken Seile. Auf diese Weise fand ein jeder seinen Platz und das Werkzeug, mit dem er seiner Familie und der Gemeinschaft am besten helfen konnte. Im Haus verteilt standen Körbe mit getrocknetem Fisch, Beeren, Wildbret und Mais. Es gab Stapel von dicht gewebten Körben und Blasen, in denen frisches Quellwasser geholt werden konnte; hölzerne Schalen und Töpfe aus Speckstein, um Essen zu kochen. Für die Kinder gab es alle möglichen Puppen, gefertigt aus dem weichsten Rehleder, und kleine Pfeile und Bogen zum Spielen und üben; Mini-Kanus und Reifen aus Weidenzweigen, denen man den ganzen Tag lang hinterherjagen konnte, und Rasseln und Trommeln, mit denen man sich die träumerischen Tage der Kindheit vertreiben konnte. Das Leben hatte sich für die bisher vom Pech verfolgte Gruppe Menschen ohne Zweifel zum Besseren gewendet.

Adler-Mann und Vier Federn standen nun vor der Nische gleich neben den Eingangstüren. Darin befanden sich ein stabiler Webrahmen und Körbe mit Heilkräutern und Wurzeln. Kleine Zedernholzkisten verwahrten winzige Steine in brillanten Farbtönen. An der Wand lehnte ein dickes, ovales Schild aus Rohleder, auf das ein Adler gemalt war, der von Blitzen umgeben war. Daneben lag ein großes Flintmesser, dessen Scheide mit roten und blauen Borsten verziert war, und eine riesige Kriegskeule. All diese Gegenstände dienten entweder dazu zu heilen oder die Stammesmitglieder zu beschützen. Hier hatte Eichhörnchen-Junge seinen Platz. Eine neue Decke lag für ihn bereit, in die das Bild eines Baumes eingewebt war.

Der vormalige Häuptling der Lüfte erkannte, dass sein Platz nun ganz klar hier unter den Menschen war und es ihm nicht länger gestattet war, den Himmel zu durchstreifen. Er sah zu Vier Federn hinüber und nahm, ohne ein Wort zu verlieren, sachte ihre Hand in seine. Sie antwortete mit einem zarten Lächeln. Adler-Manns goldene Augen waren alles, was in ihrer Seele Platz hatte. Sie erinnerte sich an die Worte, die sie bei ihrem ersten Treffen gesprochen hatte. Daran, dass ihr ein Neuanfang im Leben geschenkt worden war, und sie war sicher, dass sie ihn verdiente.

Die Körbe und Truhen würden zweifellos bald leer sein, und sowohl Adler-Mann als auch Vier Federn wussten, dass die Menschen erst noch lernen mussten, wie die Werkzeuge zu gebrauchen waren und auch, wie sie ihre Körbe selbst mit Vorräten füllen konnten. Es würde viel Zeit und Geduld in Anspruch nehmen, all ihr Wissen an die Menschen weiterzugeben, und es würde all ihre Weisheit nötig sein, ihren neuen Stamm zu Gesundheit und Harmonie zu führen.

Adler-Mann war sich bewusst, dass es eines großen Opfers

bedurfte, um das Abenteuer weiterleben zu lassen. Er wandte sich an die zauberhafte Schamanin, hielt ihrer beider Hände und sagte: „Bevor ich das heilige Feuer in diese vier Wände trage und dort die Lebensflamme entfache, möchte ich dir meine bedingungslose Liebe gestehen. Gütige Frau, ich habe all das gesehen, was du getan hast, und ich bin erstaunt und fühle mich geehrt, dass ich diese Zeit mit dir verbringen durfte. Der Adler in mir ist weitergeflogen, und es hält mich kein anderer Wunsch als der, den Rest meines Lebens hier auf Erden mit dir zu verbringen. Lass uns als Familie leben, als Familie, die auf zeitloser Liebe begründet ist."

„Nichts würde mein Herz glücklicher machen, als mit dir als Mann und Frau in diesem Heim aus Zedernholz zusammenzusein", erwiderte Vier Federn zärtlich. „Lass uns unser Schicksal in dieser schönen Welt gemeinsam erfüllen. Bring den lodernden Ast und entzünde das Feuer als Symbol für unser bindendes Versprechen."

Wäre er noch immer ein Adler gewesen, so hätte dieser glücklichste aller Männer einen hohen Freudenschrei ausgestoßen, den man in allen Welten gehört hätte, und auf diese Weise ihr Einverständnis gefeiert. Als einfacher Mann blieb ihm nichts weiter, als seine Braut liebevoll zu umarmen und ihr so sein Glück zu zeigen.

Dann ging er nach draußen, um das Holz für die leere Feuerstelle zu sammeln und die Heiratszeremonie beginnen zu lassen. Er lief viele Male hin und her und baute einen ansehnlichen Holzstapel neben der Feuerstelle in der Mitte des Langhauses auf.

Vier Federn war mit ihren eigenen Vorbereitungen beschäftigt. Sie nahm Eichhörnchen-Junge mit sich zum Waldrand und schnitt Arme voll frischer Zedernzweige, um den Segen für diesen besonderen Tag zu erbitten.

Kurze Zeit später trafen sie und Adler-Mann sich am Eingang des Langhauses; Vier Federn mit einem Armvoll Zedernzweige und er mit einer brennenden Fackel in der Hand.

Innen hatten sich alle um die noch nicht entzündete Feuerstelle versammelt, um zu sehen, was nun geschehen würde. Niemand außer Eichhörnchen-Junge wusste, dass Vier Federn und Adler-Mann noch kein richtiges Paar waren, sondern sich erst am Tag zuvor begegnet waren.

Die Verlobten betraten das Haus gemeinsam und standen vor der Feuerstelle. Vier Federn breitete die hellgrünen taubenetzten Zedernzweige vorsichtig oben auf dem Holzstapel aus. Anschließend legte Adler-Mann seinen brennenden Ast in eine schmale Öffnung am Fuße des Stapels. Das Feuer loderte schnell auf und gehaltvolle, dichte, duftende Säulen von kreisendem Rauch stiegen zu dem quadratischen Loch im Dach auf.

Vier Federn und Adler-Mann sprachen gleichzeitig den verbindlichen Eid: „Lass diesen Rauch und die Menschen, die hier versammelt sind, Zeugen unseres Treuegelöbnisses zueinander sein. Bitte segne unser Leben und unser Heim, damit wir immer von Liebe und Güte umgeben sind und wir uns nicht trennen bis unsere Tage auf Erden vorüber sind."

Die beiden waren nun eins.

Vier Federn sprach zu ihren Verwandten: „Lasst einige von uns Wasser holen und andere Lebensmittel aus den Körben. Wir wollen dann gemeinsam speisen, um den neuen Tag und unser neues Heim zu feiern."

Alle beteiligten sich an den Vorbereitungen für die erste Mahlzeit im Langhaus. Während sie arbeiteten und am Feuer saßen, unterhielten sich Männer, Frauen und Kinder darüber, wie sie beginnen könnten, ihre neuen Werkzeuge und Spielsachen so zu benutzen, dass jeder froh war. Hoffnungen und Träume waren geboren und ein jeder war glücklich über die liebevolle Wendung des Schicksals.

Die Neuvermählten wussten, dass ihnen viel Arbeit bevorstand, aber sie hatten die wunderbare Gnade erhalten, zusammensein zu dürfen. Vier Federn war nun nicht mehr allein in ihrer Höhle mit nur Eichhörnchen als Gefährten und kehrte auch nicht in ihre alte Heimat zurück. Adler-Mann sehnte sich nicht mehr nach dem freien Himmel, und beide waren sich sicher, dass sie, abgesehen von einigen Tränen und Stürmen, die immer einmal wieder auftauchen mussten, die Segnungen des Lebens schätzen und als Familie durchstehen würden.

Mit der Zeit und trotz vieler Kratzer und blauer Flecken erlernten alle, ihre besonderen Fähigkeiten meisterhaft zu nutzen. Und ein jeder eignete sich über die Jahre durch Geduld die Weisheit und die Regeln der Legende von den Vier Federn an. Aus Eltern wurden Großeltern und wo einst ein magisches Haus stand, da standen nun drei; die anderen beiden von Menschenhand errichtet. Eichhörnchen-Junge und Frühlingsmond hatten mittlerweile eigene Kinder und Enkelkinder und all das, was einst nur Adler-Mann und Vier Federn wussten, war weise an sie weitergegeben worden. Der Fluss, der Wald und die Berge teilten ihren Reichtum mit ihren Nachbarn im Dorf.

Am wärmenden Feuer, im Schutz der Zedernwände wurden Geschichten über harte Winter und längst vergangene

Reisen erzählt, um den Kindern zu verstehen zu geben, dass sie immer der Weisheit der Vier Federn folgen und die einfachen Dinge des Lebens genießen sollten. Das glückliche und sich kümmernde Paar, Adler-Mann und Vier Federn, war alt geworden und mehr als zufrieden mit dem, was das Leben ihnen beschert hatte. Sie hörten nie auf, ihren Mitmenschen zu helfen und einander zu lieben. Sie nahmen sich immer Zeit für ein sanftes unterstützendes Wort oder um mit den Dorfkindern zu spielen und zu singen.

Alle Zeremonien und alles Wissen über die Heilkräfte der Pflanzenwelt waren an würdige Verwandte weitergereicht worden. Vier Federn hatte Frühlingsmond ihre Lieder und Zaubersprüche gelehrt, und Adler-Mann war niemals überdrüssig, der bezaubernden Stimme seiner Frau zu lauschen. Nur selten war er bei einem Lagerfeuertreffen abwesend, wo seine Legenden über längst vergangene Tage junge Herzen stets höher schlagen ließen.

Eines schönen Sommertages baten die beiden Seelengefährten Eichhörnchen-Junge und Frühlingsmond zu sich. Sie sagten ihrem Sohn und seiner schönen Frau, dass die Zeit gekommen war, ihre letzte Reise anzutreten.

Eichhörnchen-Junge hatte immer gewusst, dass dieser Tag einmal kommen musste und ließ traurig den Kopf hängen.

Adler-Mann tröstete ihn: „Vergiss deine Traurigkeit, sie war in unserem Heim nie willkommen. Wir werden bis in alle Ewigkeit bei dir sein, und unsere Liebe für dich kann nie vergehen. In deinem Herzen wirst du sehen und wissen, dass unser Geist immer bei dir sein wird. Jammere nicht, sondern setze die gute Arbeit, die hier begonnen wurde, fort und erhalte die Geschichte am Leben."

„Mein liebster Gefährte und Junge“, sagte Vier Federn nun und ihre Stimme sang die Worte beinahe. Vielleicht war es auch nur Eichhörnchen-Junge, der es so wahrnahm. „Ich bin dir sehr dankbar für deine Freundschaft. Du warst mein erster Gefährte in dieser Welt. Wir haben in der Höhle viele Winter miteinander verbracht, und ich werde unsere gemeinsame Zeit niemals vergessen. Ich werde dich und deine Familie durch alle Tiefen des Lebens begleiten, und solltest du mich brauchen, so ruf einfach meinen Namen und ich werde für dich da sein. Bitte folge uns nicht, sondern bleibe hier im Dorf und versuche die Menschen, so wie wir es getan haben, zu Gesundheit und Glück zu geleiten“, schloss seine Mutter Vier Federn.

Adler-Mann und Vier Federn standen auf, um sich auf den Weg zu machen, und alle umarmten einander liebevoll, bevor sie auseinandergingen. Als das alte Paar den Rand des Dorfes erreichte, drehten sich beide noch einmal um und winkten ihrer Familie zum Abschied ein letztes Mal zu.

Seite an Seite folgten sie dem Pfad den Berg hinauf bis zu der hohen Lärche und der Höhle, wo sie sich viele Winter zuvor getroffen hatten. Urgroßvater und Urgroßmutter standen nun dort, wo Adler einst vom Himmel hinuntergeflogen war, um Yetahls bezauberndes Lied zu hören.

„Ich habe weder ein Wort noch einen Moment dessen vergessen, was an dem Tag gesprochen wurde und geschehen ist“, sagte Adler-Mann.

„Ich auch nicht“, bestätigte Vier Federn.

Gemeinsam und Hand in Hand betraten sie die Höhle. Vier Federn war seit dem Tag, als sie zu dritt gemeinsam das erste Mal zum Dorf hinuntergegangen waren, nie wieder dort gewesen. Sie hatte befürchtet, dass die Höhle sie zurück in ihre ursprüngliche Welt holen würde, fort von ihrem Adler-Mann. Jetzt konnte sie die Höhle ohne jegliche Angst betreten. Wie viel seit jenem magischen Tag geschehen war, und doch schien es nicht länger als einen Augenblick zurückzuliegen.

„Sieh nur", sagte Vier Federn, als sie die Rückwand der Höhle erreichten. „Das ist der Vorratssack, den ich vor langer Zeit aus meiner Heimat mitgebracht habe. Klingt es nicht seltsam, Heimatland zu sagen, wo doch mein Platz hier bei dir ist?"

„Ja, meine liebe Yetahl. Unter diesem Namen habe ich dich gekannt, als wir uns das erste Mal begegnet sind", sagte Adler-Mann.

„Mein Zuhause wird immer dort sein, wo du bist", sagte Vier Federn.

„Komm hilf mir, mich hier hinzulegen, meine gute Frau. Ich bin so unendlich müde", flüsterte Adler-Mann. „Mein menschlicher Körper ist am Ende angelangt."

„Benutze den leeren Sack als Kissen, geliebter Mann. Ich werde dir mein Lied vorsingen, damit deine Seele leichter wird", sagte sie zärtlich zu ihm.

Adler-Mann lag auf dem kalten Höhlenboden mit Vier Federns Sack unter dem Kopf. Seine Frau kniete neben ihm und streichelte seine von Wind und Wetter gezeichnete Stirn, während sie ihr Lied anstimmte. Und genau wie beim allerersten Mal verzauberte und erstaunte es auch jetzt Adler-Manns Sinne. Er war in diesem Augenblick so glücklich, wie ein Mann es nur sein kann. Sobald sie ihr Lied beendet hatte, zog er seine geliebte Yetahl in seine Arme. Gemeinsam glitten sie in einen nie endenden Traum.

„Die eiskalte Höhle“, träumte Yetahl und streckte ihre Hand suchend nach Adler-Mann aus, damit er sie wärmte. Doch alles, was sie fühlte, war nackter Fels. Sie erwachte vor Angst und sah sich um. „Wo bin ich? Wo ist Adler-Mann?“, dachte sie aufgeregt. „Dann stimmt es also“, erinnerte sie sich. „Meine Angst, die Höhle wieder zu betreten und dadurch meinen Mann zu verlieren, war begründet.“

Sie war zurück in der Höhle in ihrer alten Heimat, dort wo ihre Reise einst begonnen hatte. Sie war wieder die Großmutter Heilerin und auf ihrem Weg, den Verwandten im nächsten Tal zu helfen. War alles nur ein Traum gewesen, der ihr Vorahnung und Weisheit geben sollte, um anderen helfen zu können? Neben ihr auf dem Boden lag der Sack mit all ihren Vorräten, aber sie konnte weder ihre Trommel noch ihre Rassel finden.

„Vielleicht war es doch kein Traum“, hoffte sie.

Sie griff nach ihrem Sack und lief zur Höhle hinaus, um zu sehen, ob Adler-Mann vielleicht vor ihr aufgestanden war und sich irgendwo in der Nähe aufhielt. Auf dem Weg nach draußen wurde sie von dem kräftigen Flügelschlag eines mächtigen Vogels hinaus ins Morgenlicht geschoben. Ein riesiger Adler glitt über ihr zur Höhle hinaus. Seine Flügelspitzen kamen unter seinem Körper zusammen und berührten im Vorbeifliegen zärtlich ihre runzeligen Wangen.

„Oh, du bist es, Adler-Mann“, rief sie, als der Adler weiter flog, und eilte ihm nach. „Lass mich hier nicht allein zurück. Kehr um!“

Der Adler entfernte sich immer weiter von ihr und blickte nicht zurück. Yetahl war wahrhaftig an den Beginn ihrer Reise zurückgekehrt.

In tiefster Trauer fiel sie auf die Knie und weinte bitterlich.

„Vor so langer Zeit war ich auf dem Weg, um meinen Verwandten zu helfen. Habe ich meine Aufgabe nicht erfüllt?“, bat Yetahl.

Der Adler flog unterdes weiter. Die alte Heilerin erinnerte sich traurig an die Verantwortung, die ihre Großmutter sie gelehrt hatte: Deine eigenen Wünsche und Verlangen sollen immer zweitrangig sein. Zuerst gilt es, den Mitmenschen zu helfen. Das ist dein oberstes Gebot, wenn du eine Heilerin sein willst.

Das Schicksal schien der alten Schamanin wenigstens für eine Weile das unglaubliche Geschenk gegeben zu haben, beides miteinander zu verbinden. Es war ihr gestattet worden, mit Adler-Mann zusammen zu sein und gleichzeitig den Bewohnern des Dorfes zu helfen. Ihr heiß ersehnter Wunsch, eine zweite Chance im Leben zu haben, war ihr für einen Moment gewährt worden – doch nun war dieses Leben nicht länger Wirklichkeit.

„Wird meine Geschichte jemals erzählt werden? Wird sich irgendwer für die Abenteuer einer greisen Frau interessieren? Wie sehr ich wieder bei dir sein möchte!“, rief sie.

Der Adler entfernte sich weiter.

Tränen liefen über Yetahls Wangen, und sie wusste, dass ihre Reise noch nicht zu Ende war. Sie beruhigte sich. Die große Flut der Gefühle, die sie übermannt hatte, verebbte langsam. „Mach weiter, Frau. Erzähl deine Geschichte und steh auf. Es wird immer ein weiteres Dorf geben, das besucht werden muss, um den Bedürftigen dort zu helfen“, versicherte sie sich selbst.

Die Reisende Mutter erhob sich erschöpft, aber entschlossen. Sie sah auf zu dem so weit entfernten Adler, hoch über ihr im Himmel, und sprach zu ihm: „Meine Liebe für dich wird niemals vergehen. Eines Tages, wenn meine Arbeit hier getan ist, wird unser Traum wiederkehren, und wir werden erneut eins sein.“ Sie hob ihre Hand zum Abschiedsgruß.

Yetahl nahm ihren Sack auf und stapfte zum weit entfernten Tal weiter, um dort ihren kranken Verwandten zu helfen. In einiger Entfernung drehte sie sich noch einmal um, versunken in die Erinnerung daran, wohin die Höhle sie geschickt hatte. Die Felswand, in der die Höhle gewesen war, war nicht mehr zu sehen. Das Tor zur anderen Welt war verschwunden.

„Sind meine Erinnerungen wahr oder hat eine einsame müde Frau sich alles aus einem Wunsch heraus ausgedacht?“, überlegte sie.

Ihre Zweifel wurden von einem sich schnell bewegenden Schatten über und hinter ihr fortgewischt. Es war der Umriss eines großen Vogels.

„Yetahl“, vernahm sie.

Wie ein Blitz und das Herz voll Hoffnung fuhr die alte Frau herum, um zu sehen, wer der Schattenwerfer war, aber sie blickte direkt in das Licht der aufgehenden Sonne und wurde geblendet.

„Zweifel nicht länger und steige mit mir in unbekannte Welten auf. Deine Arbeit ist vollendet, und du bist frei“, rief Adler.

Yetahl spürte weder die Last des Sackes noch die ihres physischen Körpers. Das Sonnenlicht, das ihr ins Gesicht schien, blendete sie noch immer, aber sie fühlte sich schwerelos. Ihre Füße berührten nicht mehr den Boden, und sie stieg geschwind aufwärts. Plötzlich zog jemand von unten her an ihren Füßen und brachte sie dazu, sich Kopf und Schwanz über zu überschlagen.

„Schwanz?“, wunderte sie sich. Aber sie hatte nicht wirklich Zeit nachzudenken, denn alles um sie herum war ein blinkendes Gewirr aus blauem Himmel und grellem Sonnenlicht, wie in einem Karussell. Dann stand alles still. Sie wurde losgelassen und nach oben katapultiert.

„Breite deine Flügel aus und schwebe!“ Das war alles, was sie hörte.

„Flügel? Was für Flügel?“, dachte sie.

Yetahl schaute nach links und rechts. Wo die Arme ihres gealterten Frauenkörpers hätten sein sollen, befanden sich nunmehr herrliche, tief braungoldene Flügel, die sich aus ihrer gefiederten Brust erstreckten. Sie sah nach hinten und entdeckte ihre Schwanzfedern, angeordnet in einem wunderbar gefächerten Bogen. Da sie noch kein erfahrener Flieger war, verlor sie das Gleichgewicht, als sie ihre Schwanzfedern bewunderte, und machte eine Rolle vorwärts. Sie flog nun rückwärts und verkehrt herum und sah dabei, dass ihr geliebter Adler-Mann über ihr flog. Als sie seine funkelnden goldenen Augen erkannte, kam er im Sturzflug auf sie zu und erfasste sie bei den Klauen. Sie begannen als ineinander verkralltes Paar in schwindelerregenden Kreisen seitwärts zu fliegen.

Unaussprechliche Freude erfüllte Yetahls Herz. Sie waren wieder eins.

Aber gab es denn keine andere Art zu fliegen als in diesem wilden Gewirr?

„Warum fliegen wir so merkwürdig?“, rief sie durch das

Tosen des Windes, während sie in schwindelerregendem freien Fall nach unten stürzten, die Krallen fest ineinander verschlungen.

Adler ließ sofort von ihren messerscharfen Klauen ab und drehte sich in eine horizontale Flugposition. Yetahl richtete sich neben ihm aus. Die Erdoberfläche war sehr weit unter ihnen, und Yetahl musste ein paar Mal blinzeln, um sich an den unendlich weiten Blick zu gewöhnen und daran, wie sich das Fliegen anfühlte.

„Unter uns Adlern bedeutet das Klammern der Krallen und das Vollführen von fantastischen Flugkunststücken, dass wir uns mit unserem Partner fürs Leben gepaart haben. Es ist unsere Art, einander unsere ewige Liebe zu zeigen", schrie Adler-Mann.

Yetahl war überglücklich! Und im nächsten Augenblick war sie es, die ihren Adler-Mann an den Krallen packte und ihn leidenschaftlich in wilden Kreisen umherschwang.

An diesem Tag wurden viele Menschen vom Boden aus Zeugen der Heirat zweier mächtiger Adler. Noch Jahre später wurde darüber gesprochen, wie sie die Heiratszeremonie bis zum Sonnenuntergang vollzogen und Glück und Zufriedenheit zu jedem brachten, der diese zauberhafte Anmut sah. Die kranken Verwandten im nächsten Tal, zu denen Yetahl ursprünglich unterwegs gewesen war, sahen den luftigen Heiratstanz ebenfalls. Kurz darauf waren alle Kranken dort geheilt, weil sie glaubten, dass Großmutter ihnen zwei sich umherwirbelnde Adler geschickt hatte, statt selbst zu ihnen zu kommen, und sie erkannten es als Zeichen für Kraft und Gesundheit.

Wie die meisten Neuverheirateten verloren auch Yetahl

und Adler-Mann jegliche Wahrnehmung von Zeit und Ort. Sie waren einfach nur glücklich zusammenzusein, und sie verdrängten alle weltlichen Pflichten. Sie verbrachten viele Monde damit, Myriaden von Welten zu durchstreifen. Adler reiste mit Yetahl durch die unendliche Spirale der Zeit und teilte all sein Wissen mit ihr. Sie waren zufrieden, Seite an Seite hoch über den Bergspitzen zu fliegen und die gesamte Schöpfung zu betrachten.

„Schau, dort unten!", schrie Adler. „Eine große Ansiedlung von Präriehunden! Einmal habe ich sie laufen lassen, aber nun bin ich ausgehungert", lockte er Yetahl. „Lass uns zu Mittag essen", war alles, was sie ihn sagen hörte, bevor er in einen tollkühnen Sturzflug überging.

Yetahl raste sofort in Richtung Erde, überholte ihn mit erstaunlicher Geschwindigkeit und unterbrach seinen Fall. Adler sah sie verblüfft an.

„Warum?", fragte er nach Luft schnappend. „Möchtest du nicht mit mir essen?"

„Essen jederzeit, aber ich habe heute keinen Appetit auf Präriehunde", erwiderte sie.

„Jedes Mal, wenn ich einen dieser flauschigen kleinen Kreaturen sehe, erinnert es mich auf traurige Weise an unseren Sohn Eichhörnchen-Junge. Vielleicht wäre eine Regenbogenforelle oder ein Lachs angebrachter. Komm mit mir. Ich kenne ein kleines Dorf ganz in der Nähe, an dem ein Mächtiger Fluss angefüllt mit Fischen vorbeifließt. Wir könnten dort vorbeischauen und uns umsehen. Was meinst du?"

„Ich denke, es ist an der Zeit, unsere Familie zu besuchen und Fisch zu essen. Ich hatte heute sowieso nicht wirklich Appetit auf Präriehunde", antwortete er lächelnd.

Kurz bevor sie den Geister-Fluss erreichten, schlugen beide ihre Flügel zusammen und ein ohrenbetäubender Donner meldete die Ankunft der glücklichen Eltern an. Sie begannen in gegensätzlichen Richtungen über ihrem Heimatdorf zu kreisen. Mit ihrem ausgezeichneten Sehvermögen entdeckten sie sofort Eichhörnchen-Junge und Frühlingsmond, die im Eingang des Langhauses standen und zum Himmel hinaufwinkten. Die stolzen Adler hörten, wie Frühlingsmond ihrem Enkelkind erzählte, dass Vier Federn und Adler-Mann zu Besuch gekommen waren.

Überall im Dorf sahen die Menschen auf und begrüßten sie mit „Was kann ich für euch tun?“ und „Seid uns willkommen, ihr Ahnen“ oder „Seid gegrüßt, Großmutter und Großvater.“

Yetahl und Adler hörten auf zu kreisen und flogen gemeinsam zur Mitte des Dorfes. Mit ineinander verklammerten Krallen und weit gespreizten Flügeln führten sie den Menschen unter ihnen einen wirbelnden Himmelstanz vor. Und während sie am Dorf vorbeiglitten und auf die andere Seite des Flusses zuflogen, wirbelten sie immer noch weiter umher.

Ein jeder im Dorf vernahm in seinem Herzen ihre Botschaft: „Lebt ein gutes Leben und erinnert euch immer an die Geschichte der Vier Federn des Lebens.“

Yetahl und Adler aber flogen jenseits des Flusses der Träume davon, und ein neues Abenteuer begann.

Weitere Bücher von David Seven Deers
sind im Little Tiger Verlag erschienen:

HEELAHS TRAUM.
Eine indianische Schöpfungsgeschichte
Deutsch/Englisch, mit Bilder von Merle Michaelis

POTLATCH
Deutsch/Englisch, mit Bilder von Merle Michaelis

www.little-tiger.de

Titel der englischen Ausgabe:
TRAVELLING MOTHER. A First Nations' Journey

Übersetzung aus dem Englischen von Sanna Seven Deers
Satz: MERLIN VERLAG, Gifkendorf, unter Verwendung von drei Tier-Zeichnungen (Adler, Bär und Rabe) von David Seven Deers.
Umschlag: Designbüro Möhlenkamp & Schuldt,
Marlis Schuldt und Jörg Möhlenkamp, Bremen,
unter Verwendung einer Fotografie aus dem Archiv des
Museums für Völkerkunde Hamburg.
Druck und Einband: freiburger graphische betriebe GmbH., Freiburg
1. Auflage, Gifkendorf 2014
im 57. Jahr des Merlin Verlags
ISBN 978-3-87536-312-8
www.merlin-verlag.com
www.sevendeers.com

Weitere Bücher von David Seven Deers
sind im Little Tiger Verlag erschienen:

HEELAHS TRAUM.
Eine indianische Schöpfungsgeschichte
Deutsch / Englisch, mit Bilder von Merle Michaelis

POTLATCH
Deutsch / Englisch, mit Bilder von Merle Michaelis

www.little-tiger.de

Titel der englischen Ausgabe:
TRAVELLING MOTHER. A First Nations' Journey

Übersetzung aus dem Englischen von Sanna Seven Deers
Satz: MERLIN VERLAG, Gifkendorf, unter Verwendung von drei Tier-Zeichnungen (Adler, Bär und Rabe) von David Seven Deers.
Umschlag: Designbüro Möhlenkamp & Schuldt,
Marlis Schuldt und Jörg Möhlenkamp, Bremen,
unter Verwendung einer Fotografie aus dem Archiv des
Museums für Völkerkunde Hamburg.
Druck und Einband: freiburger graphische betriebe GmbH., Freiburg
1. Auflage, Gifkendorf 2014
im 57. Jahr des Merlin Verlags
ISBN 978-3-87536-312-8
www.merlin-verlag.com
www.sevendeers.com

Kurz bevor sie den Geister-Fluss erreichten, schlugen beide ihre Flügel zusammen und ein ohrenbetäubender Donner meldete die Ankunft der glücklichen Eltern an. Sie begannen in gegensätzlichen Richtungen über ihrem Heimatdorf zu kreisen. Mit ihrem ausgezeichneten Sehvermögen entdeckten sie sofort Eichhörnchen-Junge und Frühlingsmond, die im Eingang des Langhauses standen und zum Himmel hinaufwinkten. Die stolzen Adler hörten, wie Frühlingsmond ihrem Enkelkind erzählte, dass Vier Federn und Adler-Mann zu Besuch gekommen waren.

Überall im Dorf sahen die Menschen auf und begrüßten sie mit „Was kann ich für euch tun?" und „Seid uns willkommen, ihr Ahnen" oder „Seid gegrüßt, Großmutter und Großvater."

Yetahl und Adler hörten auf zu kreisen und flogen gemeinsam zur Mitte des Dorfes. Mit ineinander verklammerten Krallen und weit gespreizten Flügeln führten sie den Menschen unter ihnen einen wirbelnden Himmelstanz vor. Und während sie am Dorf vorbeiglitten und auf die andere Seite des Flusses zuflogen, wirbelten sie immer noch weiter umher.

Ein jeder im Dorf vernahm in seinem Herzen ihre Botschaft: „Lebt ein gutes Leben und erinnert euch immer an die Geschichte der Vier Federn des Lebens."

Yetahl und Adler aber flogen jenseits des Flusses der Träume davon, und ein neues Abenteuer begann.